Kartoffeln

Das Kochbuch

Achim Schwekendiek
Barbara Lutterbeck

Kartoffeln

Das Kochbuch

Foodstyling Sonja Schubert

edition styria

Inhalt

ANNABELLE
TRÜFFEL
CHERIE
PRINCESS

Geliebte Knollen: Kartoffeln

Kaum eine andere Pflanze hat in den vergangenen Jahrhunderten eine solch steile Weltkarriere hingelegt wie die Kartoffel.

Ursprünglich stammt sie aus Südamerika. Im 16. Jahrhundert brachten sie die Spanier mit zahlreichen anderen Kulturpflanzen nach Europa. Heute ist sie mit über 5.000 Sorten in vielen Teilen der Welt ein Grundnahrungsmittel. Die international beliebte Knolle ist äußerst vielseitig und kann auf unterschiedlichste Art und Weise verarbeitet und verzehrt werden. Roh ist sie allerdings ungenießbar.

Botanisch betrachtet ist die Kartoffel keine Frucht, sondern die unterirdische Sprossknolle der Kartoffelpflanze. Sie wird bis zu einem Meter hoch, bildet über der Erde grüne Blätter und unter der Erde Ausläufer, an denen neue Kartoffelknollen entstehen. Die Kartoffel ist eine Nutzpflanze und zählt neben Aubergine, Tabak, Paprika und Tomate zur Familie der Nachtschattengewächse.

Weltweit werden jährlich etwa 330 Millionen Tonnen Kartoffeln geerntet, in Deutschland rund 10 Millionen Tonnen. Je nach Erntezeitpunkt und Lagerfähigkeit teilt man die Kartoffeln in sehr frühe, frühe, mittelfrühe, mittelspäte und späte Sorten ein. Sehr frühe und frühe Sorten sollten schnell verbraucht werden, während die anderen Sorten, vor allem die späten, auch zur Einkellerung geeignet sind. Frühe heimische Sorten kommen im Mai/Juni auf den Markt, das Hauptangebot aber erst von August bis Oktober.

Kocheigenschaften
Die Kartoffeln werden in drei Kartoffeltypen unterteilt:
Festkochende Kartoffeln, vorwiegend festkochende Kartoffeln und mehligkochende Kartoffeln. In der Küche unterscheidet man sie außerdem noch nach Erntezeitpunkt beziehungsweise Angebotszeit und Qualität.

Festkochende Speisekartoffeln
Festkochende Kartoffeln haben einen geringen Stärkegehalt, sind feinkörnig feucht und springen beim Kochen nicht auf. Sie sind von fester Konsistenz und behalten diese auch beim Kochen. Im Geschmack sind sie mild bis kräftig.

Festkochende Kartoffeln eignen sich für:
Kartoffelsalat,
Bratkartoffeln,
Pellkartoffeln,
Gratins.

Sorten: Annabelle, Agata, Amandine, Anais, Belana, Charlotte, Cilena, Ditta, Filea, Hansa, Kipfler, Marabel, Linda, Nicola, Primura, Princess, Renate, Selma, Sieglinde, Spunta, Stella, Vitelotte.

Vorwiegend festkochende Speisekartoffeln
Diese Kartoffelsorten haben einen mittleren Stärkeanteil. Sie sind nach dem Garen mittelfest bis mehlig und nur mäßig feucht mit feinkörniger Konsistenz. Die Schale platzt beim Kochen nur leicht auf. Sie eignen sich für nahezu alle Kartoffelgerichte.

Da sie Saucen besonders gut aufnehmen, sind sie eine ideale Beilage, auch wegen ihres milden bis angenehm kräftigen Geschmacks. Aufgrund ihres höheren Stärkegehalts bekommen sie beim Backen, Braten und Frittieren eine schöne Bräunung, bleiben innen aber locker.

Vorwiegend festkochende Kartoffeln eignen sich für:
Salz- und Pellkartoffeln,
Bratkartoffeln,
Folienkartoffeln,
Pommes Frites,
Rösti,
Reibekuchen (Kartoffelpuffer, Reiberdatschi).

Sorten: Agria, Arkula, Astilla, Atica, Bamberger Hörnchen, Bolero, Christa, Clivia, Colette, Désirée, Finka, Gala, Gloria, Grandifolia, Granola, Grata, Hela, Jelly, Laura, Leyla, Maja, Rosara, Saskia, Saturna, Secura, Solara, Satina, Tizia, Ukama.

Mehligkochende Speisekartoffeln

Wie ihr Name bereits verrät, haben mehligkochende Kartoffeln einen hohen Stärkeanteil. Beim Kochen zerfallen sie deshalb schnell, werden trocken, grobkörnig und sehr weich. Im Geschmack sind sie aromatisch und kräftig.

Mehligkochende Kartoffeln eignen sich für:
Kartoffelpüree,
Kartoffelteig,
Klöße (Knödel),
Schupfnudeln (Fingernudeln),
Suppen und Eintöpfe.

Sorten: Adretta, Afra, Arkula, Aula, Bintje, Blauer Schwede, Datura, Freya, Irmgard, Karat, Karlena, Koretta, Libana, Likaria, Lipsi, Mariella, Melina, Naturella.

Wichtige Anbaugebiete

Haupterzeugerländer sind China, Russland, Indien, die Ukraine, die USA, Deutschland und Polen. Die ersten frühen Speisekartoffeln kommen bereits im Februar/März aus Israel, Ägypten und Nordafrika, kurze Zeit später folgen Griechenland und Zypern. Im heimischen Anbau werden die ersten Frühkartoffeln im Juni geerntet.

Solanin

Bei Lichteinfall bekommen Kartoffeln schnell grüne Stellen, an denen Glykoalkaloide wie Solanin entstehen, ein natürliches Gift, das leicht bitter schmeckt und hitzebeständig ist. Vergiftungserscheinungen können schon nach dem Verzehr von rund 500 Gramm unreifer grüner und keimender Kartoffeln oder Kartoffelkeimen auftreten. Deshalb gilt: Grüne Stellen und Keime vor dem Kochen unbedingt sorgfältig entfernen, Kartoffeln mit mehreren grünen Stellen lieber wegwerfen.

Das Verbraucherinformationssystem Bayern, VIS, weist darauf hin, dass bei den derzeitig am Markt befindlichen Sorten »von einer gesundheitlich bedenklichen Höhe des Alkaloidgehaltes keine Rede sein kann« – vorausgesetzt, die Kartoffeln werden reif geerntet und richtig gelagert.

Lagerung

Kartoffeln sollten kühl, dunkel und trocken gelagert werden. Je nach Sorte sind sie bis zu einem Jahr lagerfähig. Am besten eignet sich dazu ein Vorratsraum mit Lattenkisten (Horden) oder bis zu 40 Zentimeter hohen Lattenrosten. So werden die Kartoffeln stets ausreichend belüftet. Die ideale Lagertemperatur liegt bei ca. 10 °C. Lagerkartoffeln sollten am besten in Jute- oder Netzsäcken aufbewahrt werden, auf keinen Fall in Folienbeuteln oder im Kühlschrank. Bei Kälte wird ein Teil der Kartoffelstärke in Zucker umgewandelt, die Kartoffeln schmecken dann süßlich.

Wichtig: Kartoffeln nicht zusammen mit Äpfeln oder Birnen lagern. Diese Früchte sondern Ethylen ab und lassen die Kartoffeln schneller reifen und schließlich verderben.

Qualität
Beim Einkauf sollten Kartoffeln fest und trocken sein, keine Beschädigungen und keine grünen Stellen aufweisen. Sie sollten nicht keimen. Die Augentiefe sollte möglichst flach sein.

Nährstoffe
Kartoffeln sind reich an leicht verdaulichen Kohlenhydraten, enthalten hochwertiges Eiweiß, viele Vitamine, Mineralstoffe, Ballaststoffe, sekundäre Pflanzenstoffe und so gut wie kein Fett. Als Dickmacher werden sie zu Unrecht angeprangert. Der Brennwert der Kartoffel (essbarer Anteil der rohen Kartoffel) liegt bei 75 kcal pro 100 Gramm.

Inhaltsstoffe
15 % Kohlenhydrate
2 % Eiweiß
0,1 % Fett
2,1 % Ballaststoffe
78 % Wasser
1 % Mineralstoffe und Spurenelemente
(u. a. 3,2 mg Natrium, 443 mg Kalium,
25 mg Magnesium, 9,5 mg Kalzium,
50 mg Phosphor und 0,8 mg Eisen)
Vitamine: hauptsächlich Vitamin C, aber auch Vitamin A und B1, B2, B6 sowie Niacin und Pantothensäure, Biotin und Folsäure

Geschmack
Ein weiterer Vorteil der Kartoffel ist ihre Vielseitigkeit. Egal ob gekocht oder gebraten, als Hauptspeise oder als Beilage – die Kartoffel schmeckt nie langweilig.

Vorspeisen

Gambas im Kartoffelmantel mit Kim-Chee-Salat

Für 4 Personen

200 g Chinakohl
1 Karotte
Salz
1 EL Sesamöl, geröstet
3 große festkochende Kartoffeln, geschält
12 Riesengarnelen
½ Brokkoli

Für die Marinade

2 EL Sesamöl, geröstet
2 EL thailändische Fischsauce
1 EL Olivenöl
1 Knoblauchzehe, fein gehackt
½ TL Curry
1 Stück rote Chilischote, entkernt und fein gehackt
1 Msp. Safran

Zubereitung

1 Zuerst aus den genannten Zutaten die Marinade herstellen.
2 Vom Chinakohl die äußeren Blätter entfernen und das untere Ende abschneiden. Den Kohl waschen, die Blätter in Streifen schneiden und unter die Marinade ziehen.
3 Die Karotte schälen, waschen, in feine Scheiben schneiden und leicht salzen. Das Sesamöl erhitzen und die Karotten anschwitzen.
4 Den Brokkoli waschen und in Röschen zerteilen. In kochendes Salzwasser geben und 2 Minuten garen.
5 Das Gemüse zur Marinade geben und mit Salz abschmecken.
6 Nun die Kartoffeln durch die Spaghettimaschine drehen, die Garnelen darin einwickeln, trocken tupfen und frittieren.
7 Den Kim-Chee-Salat auf die Mitte eines Tellers geben und darauf die Garnelen anrichten.

Tipp Wer keine Spaghettimaschine hat, kann die Garnelen auch in hauchdünn geschnittene Scheiben großer Kartoffeln einschlagen und dann braten. Dazu legt man die Kartoffelscheiben gut überlappend auf ein Küchentuch, schneidet sie dann zur richtigen Größe und wickelt die gewürzten Garnelen darin ein. Die Kartoffeln sind dünn genug, wenn sie beim Zusammenklappen einer Scheibe nicht reißen.

Mediterraner Gemüsesalat mit Kartoffelchips

Für 4 Personen

1 rote Paprikaschote
Olivenöl
Salz
1 Zucchini
1 Aubergine
8 festkochende Kartoffeln (vorzugsweise Gourmandine)
Frittieröl
Paprika edelsüß
2 EL Vinaigrette (siehe Anhang)
1 Bund Rucola, gewaschen und trocken geschleudert
2 EL Basilikumpesto (siehe Anhang)

Zubereitung

1 Den Backofen auf 160 °C vorheizen.

2 Die Paprikaschote halbieren, entkernen und mit Olivenöl beträufeln. Für 25 Minuten in den heißen Ofen schieben und anschließend häuten. In acht große Stücke zerteilen und leicht salzen.

3 Die Zucchini waschen, putzen und der Länge nach in 4 mm dicke Scheiben schneiden. Anschließend etwas Olivenöl in einer Grillpfanne erhitzen und die Zucchinischeiben auf beiden Seiten grillen.

4 Die Auberginen waschen, putzen und der Länge nach in 4 mm dicke Scheiben schneiden. Eine großzügige Menge Öl in einer Pfanne erhitzen und die Auberginenscheiben auf beiden Seiten braten. Aus der Pfanne nehmen und zum Abtropfen auf ein Küchentuch legen. Mit etwas Salz würzen.

5 Die Kartoffeln sorgfältig waschen. 4 Kartoffeln bissfest kochen und halbieren. Etwas Olivenöl in einer Grillpfanne erhitzen und die Kartoffeln auf der Schnittfläche grillen. Die restlichen 4 Kartoffeln längs in große Scheiben von 2 mm Dicke hobeln und im tiefen Fett wie Schnitzel braten oder frittieren. Unmittelbar nach dem Braten salzen und mit Paprikapulver bestreuen.

6 Das Gemüse und die gegrillten Kartoffeln noch warm mit der Vinaigrette beträufeln. Anschließend schleifenartig mit etwas Volumen auf einem Teller anrichten. Die Kartoffelchips dazwischenstecken. Mit etwas Rucola garnieren. Basilikumpesto mit 1 EL Wasser glatt rühren und ein paar Streifen auf den Teller ziehen.

Kartoffelbuchteln mit Schnittlauchschmand und Radieschen

Für 4 Personen

Für die Buchteln

800 g mehligkochende Kartoffeln (vorzugsweise Adretta oder Ackersegen)
300 g Butter
2 Eier
3 Eigelb
1 Würfel frische Hefe
100 ml Milch
50 g Crème fraîche
1 EL Petersilie, fein gehackt
1 EL Schnittlauchröllchen
500 g Mehl
Sahne
Salz
frisch gemahlener schwarzer Pfeffer

Für den Schmand

1 Becher Schmand
Saft von einer ½ Zitrone
3 EL Schnittlauchröllchen
Salz
frisch gemahlener schwarzer Pfeffer

Für die Radieschen

1 Bund Radieschen
2 EL Weißweinessig
2 EL Gemüsebrühe (siehe Anhang)
3 EL Nussöl
Salz
frisch gemahlener schwarzer Pfeffer
Zucker
1 Bund Brunnenkresse

Zubereitung

1 Die Kartoffeln weich kochen, schälen und durch die Kartoffelpresse drücken. Zeitgleich die Butter zu Nussbutter verarbeiten (in einer Pfanne zerlassen, durchpassieren und dann nochmal erhitzen, bis sie eine hellbraune Farbe angenommen hat). Heiß zu den Kartoffeln geben. Unmittelbar danach die Eier und 2 Eigelbe darüberschlagen. Alles gut verrühren und anschließend bis auf Handwärme abkühlen lassen.

2 Die Hefe in der handwarmen Milch auflösen und zusammen mit der Crème fraîche zugeben. Petersilie und Schnittlauch hinzufügen und 20 Minuten gehen lassen.

3 Den Backofen auf 175 °C vorheizen.

4 Das Mehl zugeben und zu einem Teig kneten. 3 cm dick ausrollen und mit einem kleinen runden Ausstecher Kreise ausstechen. In eine Auflaufform geben. Das restliche Eigelb mit etwas Sahne verrühren und die Buchteln damit einstreichen. Nochmals 20 Minuten gehen lassen und anschließend im heißen Ofen 25 Minuten backen.

5 Die Zutaten für den Schmand glatt rühren und würzen.

6 Von den Radieschen die Wurzeln sowie die Blätter samt Stiel entfernen und kurz waschen. Eventuell noch trocken tupfen. Aus Essig, Brühe, Nussöl, Salz, Pfeffer und Zucker eine Vinaigrette herstellen und die Radieschen damit marinieren. Kurz bevor die Buchteln gar sind, die gewaschene und gut trocken geschleuderte Kresse in die Vinaigrette geben. Die Buchteln in einer Cocotte anrichten. Den Salat und den Schmand getrennt reichen.

Kartoffelrösti mit Blutwurst und Rahmsauerkraut

Für 4 Personen

500 g festkochende Kartoffeln, gekocht und geschält
Salz
frisch gemahlener schwarzer Pfeffer
9 EL Pflanzenöl
1 EL Zwiebeln, fein gehackt
1 EL Speckwürfel
4 Scheiben feine Blutwurst oder Boudin noir à 40 g, geschält

Für das Sauerkraut

300 g Sauerkraut
2 EL Pflanzenöl
1 EL Schalotten, fein gehackt
30 ml Riesling
150 ml Hühnerbrühe (siehe Anhang)
80 g Sahne
1 EL Crème fraîche

Zubereitung

1 Die Kartoffeln auf einer Reibe grob raspeln und mit Salz und Pfeffer würzen. 1 EL Öl in einer Pfanne erhitzen und die Zwiebeln und den Speck braten.

2 Nun in eine heiße Pfanne jeweils 2 EL Öl geben. Ein Achtel der geraspelten Kartoffeln hinzufügen. Eine Scheibe Blutwurst hinzufügen und mit einem Teil der Kartoffeln bedecken. Mit einer Palette einen runden 2 cm hohen Fladen formen. 1 TL Speck-Zwiebel-Masse in die Mitte des Fladens geben. Den Fladen goldbraun rösten und anschließend wenden. Nun auch von der zweiten Seite braten. Mit der Speck-Zwiebelseite nach oben anrichten. Das Ganze dreimal wiederholen, damit insgesamt vier Rösti entstehen.

3 Das Sauerkraut sorgfältig waschen. Das Öl in einem breiten Topf erhitzen und die Schalotten glasig anschwitzen. Das Sauerkraut hinzufügen. Mit dem Weißwein ablöschen und mit der Brühe auffüllen. 30 Minuten köcheln lassen. Die Sahne und die Crème fraîche zugeben und nochmals aufkochen lassen.

4 Die Rösti jeweils in zwei Hälften schneiden, auf dem Kraut anrichten und servieren.

Kartoffelsalat mit Gurke, Apfel, Mayonnaise und gebackenem Schellfisch

Für 4 Personen

500 g festkochende Kartoffeln
100 ml kräftige Hühnerbrühe (siehe Anhang)
1 Zwiebel, geschält und in feine Ringe geschnitten
6 EL Weißweinessig
Salz
frisch gemahlener schwarzer Pfeffer
1 TL Dijon-Senf
4 EL Pflanzenöl (+ 150 ml Öl zum Braten)
60 g Mayonnaise
2 EL Crème fraîche
2 säuerliche Äpfel
½ Salatgurke
1 EL Petersilie, fein gehackt
1 TL Schnittlauch, in feine Röllchen geschnitten
480 g Schellfischfilet
4 EL Mehl
3 Eier
12 EL Paniermehl
2 EL frisch geriebener Meerrettich

Zubereitung

1 Die Kartoffeln mit Schale weich kochen und schälen. In Würfel schneiden. Die Brühe mit den Zwiebeln und dem Essig aufkochen lassen. Salz, Pfeffer, Senf und das Öl zugeben und auskühlen lassen. Mit der Mayonnaise und der Crème fraîche glatt rühren.

2 Die Äpfel schälen, entkernen und in kleine Würfel schneiden. Die Gurke waschen und in kleine Würfel schälen. Mit den Kräutern und den Kartoffeln zur Marinade geben. 2–3 Stunden ziehen lassen.

3 Den Schellfisch portionieren. Mit Salz und Pfeffer würzen, mit Mehl bestreuen und durch die verquirlten Eier ziehen. Anschließend in Paniermehl wälzen.

4 150 ml Öl in einer Pfanne erhitzen und die Fischstücke 6–7 Minuten wie Schnitzel braten.

5 Den Kartoffelsalat zusammen mit den Fischstücken anrichten und den Meerrettich dazu reichen.

Tipp Alternativ zum frischen Meerrettich eignet sich Remouladen- oder Meerrettichsauce.

Feldsalat mit Kartoffeldressing und gebratener Entenbrust

Für 4 Personen

400 g Feldsalat
4 Entenbrüste
Salz
frisch gemahlener schwarzer Pfeffer
3 EL Pflanzenöl
2 EL Speckwürfel
2 Scheiben Toastbrot
2 mittelgroße festkochende Kartoffeln

Für das Dressing

400 ml kräftige Hühnerbrühe (siehe Anhang)
1 Schalotte, fein gehackt
200 g mehligkochende Kartoffeln, geschält
6 EL Weißweinessig
1 TL Dijon-Senf
3 EL Pflanzenöl
Salz
frisch gemahlener schwarzer Pfeffer
1 EL Petersilie, fein gehackt
1 TL Schnittlauch, in feine Röllchen geschnitten

Zubereitung

1 Den Feldsalat putzen und mehrmals sorgfältig waschen, da sich im Wurzelbereich Ackererde oftmals festgesetzt hat.
2 Die Entenbrüste mit Salz und Pfeffer würzen. 1 EL Öl in einer Pfanne erhitzen und die Brüste auf der Haut bei mittlerer Temperatur 5 Minuten braten, dabei immer wieder das ausgetretene Fett abgießen. Anschließend wenden und die Entenbrüste beiseitestellen. Abkühlen lassen und in feine Scheiben schneiden.
3 Die Toastscheiben in kleine Würfel schneiden. 1 EL Öl in einer zweiten Pfanne erhitzen und rundum goldbraun braten. Herausnehmen. Anschließend die Speckwürfel auslassen.
4 Die Kartoffeln schälen und in einen ½ cm große Würfel schneiden. Das restliche Öl in einer Pfanne erhitzen und die Kartoffelwürfel braten.
5 Für das Dressing die Brühe mit den Schalotten aufkochen lassen. Die Kartoffeln hinzufügen und weich garen. Anschließend herausnehmen und sofort durch die Kartoffelpresse in die heiße Brühe drücken. Gut verrühren und mit Essig, Senf, Öl, Salz und Pfeffer abschmecken. Die Kräuter zugeben und den Salat marinieren. Speck, Croûtons und Kartoffelwürfel auf den Salat geben, die Entenbrustscheiben rundum anlegen und servieren.

Marinierte Kartoffeln mit Kürbiskernöl und Backhendl

Für 4 Personen

800 g festkochende Kartoffeln
200 ml kräftige Hühnerbrühe (siehe Anhang)
10 EL Weißweinessig
Salz
frisch gemahlener schwarzer Pfeffer
1 TL Dijon-Senf
1 Hähnchen (ca. 1,4 kg)
Mehl
2 Eier
500 ml Pflanzenöl
8 Feldsalatröschen
4 EL Kürbiskernöl
2 EL Kürbiskerne, geröstet

Zubereitung

1 Die Kartoffeln mit Schale weich kochen. Anschließend schälen und in Scheiben schneiden. Die Brühe mit dem Essig aufkochen lassen. Salz, Pfeffer und Senf zugeben und noch heiß über die Kartoffeln gießen, dabei 4 EL beiseitestellen. Den Kartoffelsalat 2 Stunden ziehen lassen.

2 Das Hähnchen auslösen und das Fleisch von der Haut ablösen. Die Keulen im Gelenk durchschneiden und die Brust halbieren. Die Stücke mit Salz und Pfeffer würzen, mehlieren und durch die verschlagenen Eier ziehen. Das Öl erhitzen und die Keulenstücke 10–12 Minuten, die Brust 8–10 Minuten bei mittlerer Hitze frittieren.

3 Die Feldsalatröschen waschen und trocken schleudern. Mit dem beiseitegestellten Dressing vom Kartoffelsalat marinieren.

4 Die Hähnchenteile und den Kartoffelsalat anrichten. Das Kürbiskernöl und die Kürbiskerne darüberstreuen.

Kartoffelsalat mit Speck, Zwiebeln und Fleischpflanzerl

Für 4 Personen

Für den Salat

800 g festkochende Kartoffeln
200 ml kräftige Hühnerbrühe (siehe Anhang)
1 Zwiebel, geschält und in feine Ringe geschnitten
10 EL Weißweinessig
Salz
frisch gemahlener schwarzer Pfeffer
1 EL Dijon-Senf
50 ml Pflanzenöl
1 EL Petersilie, fein gehackt
1 TL Schnittlauch, in feine Röllchen geschnitten
2 EL Speckwürfel

Für die Pflanzerl

4 Champignons
4 EL Pflanzenöl
2 Schalotten, fein gehackt
1 dicke Scheibe gekochter Schinken, in kleine Würfel geschnitten
1 altbackenes Brötchen
80 ml Milch
500 g Hackfleisch halb und halb
2 Eier
1 TL Dijon-Senf
1 EL Petersilie, fein gehackt

Außerdem

4 Scheiben Bacon

Zubereitung

1 Die Kartoffeln mit Schale weich kochen. Anschließend schälen und in Scheiben schneiden. Die Brühe mit den Zwiebeln und dem Essig aufkochen lassen. Salz, Pfeffer, Senf und 50 ml Öl (1 EL abzweigen) zugeben und über die heißen Kartoffeln gießen. Die Kräuter hinzufügen und den Salat behutsam schwenken, bis er leicht gebunden ist. 1 EL Öl in einer Pfanne erhitzen und die Speckwürfel rundum braten. Zu dem Kartoffelsalat geben.

2 Für die Pflanzerl die Champignons waschen und trocken tupfen. Anschließend in Scheiben schneiden. 1 EL Öl in einer Pfanne erhitzen und die Schalotten glasig anschwitzen. Die Champignons und die Schinkenwürfel zugeben und mitbraten.

3 Das Brötchen in der Milch einweichen. Anschließend sorgfältig ausdrücken.

4 Nun das Fleisch mit allen Zutaten vermengen und acht Frikadellen formen. 3 EL Öl einer Pfanne erhitzen und die Frikadellen auf beiden Seiten 6–7 Minuten goldbraun braten

5 Das restliche Öl in einer Pfanne erhitzen und die Bacon-Scheiben rösten.

6 Den lauwarmen Kartoffelsalat zusammen mit jeweils zwei Pflanzerln auf einem Teller anrichten und mit jeweils einer Bacon-Scheibe garnieren.

Salat von blauen Kartoffeln mit Liebstöckel und gebratener Lachsforelle

Für 4 Personen

800 g blaue Kartoffeln
200 ml kräftige Hühnerbrühe (siehe Anhang)
8 EL Weißweinessig
1 Zwiebel, geschält und in feine Ringe geschnitten
Salz
frisch gemahlener schwarzer Pfeffer
1 EL Wasabipaste
50 ml Pflanzenöl (+ 3 EL Öl zum Braten)
2 EL Liebstöckel, fein gehackt
8 Radieschen
150 g Vollmilchjoghurt
¼ Salatgurke
1 EL weißer Balsamicoessig
1 Lachsforelle (800 g)

Zubereitung

1 Die Kartoffeln mit Schale weich kochen. Anschließend schälen und in Scheiben schneiden. Die Brühe mit dem Essig und den Zwiebelringen aufkochen lassen. Salz, Pfeffer, Wasabipaste und das Öl zugeben und noch heiß über die Kartoffeln gießen. Liebstöckel zugeben. Den Salat behutsam schwenken, bis er leicht gebunden ist. Die Radieschen putzen, waschen und in Scheiben schneiden.

2 Den Joghurt mit der Gurke, dem Balsamicoessig sowie Salz und Pfeffer fein mixen.

3 Die Forelle schuppen, ausnehmen und filetieren. Die Gräten entfernen und den Fisch portionieren.

4 3 EL Öl in einer Pfanne erhitzen und den Fisch bei leichter Hitze langsam (etwa 5 Minuten) auf der Haut braten. Anschließend wenden.

5 Die Radieschen unter den Salat heben und anrichten. Die Sauce in Streifen über den Salat ziehen, den Fisch mit der Hautseite nach oben darauflegen und servieren.

Kartoffelterrine mit Spiegelei, krosser Pancetta und Spinatsalat

Für 4 Personen

600 g mehligkochende Kartoffeln
6 EL Pflanzenöl
2 Schalotten, fein gehackt
2 EL kleine Speckwürfel
2 Eier
80 g Mascarpone
80 g Crème fraîche
Blättchen von zwei Thymianzweigen, fein gehackt
1 Knoblauchzehe, fein gehackt
Salz
frisch gemahlener schwarzer Pfeffer
4 Scheiben Pancetta
200 g Mini-Spinat
4 EL Vinaigrette (siehe Anhang)
4 Eier

Außerdem

Butter und Mehl für die Form

Zubereitung

1 Die Kartoffeln schälen. Ein Drittel davon weich kochen und den Rest grob raspeln.

2 Den Backofen auf 170 °C vorheizen.

3 1 EL Öl in der Pfanne erhitzen und die Schalotten und den Speck anbraten. Mit den Eiern, Mascarpone, Crème fraîche, Thymian und Knoblauch zu einem Teig verrühren und mit Salz und Pfeffer würzen.

4 Eine Terrinenform mit Alufolie auslegen, mit Butter ausstreichen und mit Mehl bestreuen. Die Kartoffelmasse hineinfüllen. Im heißen Ofen 40 Minuten backen.

5 3 EL Öl erhitzen und die vier Scheiben Pancetta zwischen zwei Bögen Backpapier leicht beschwert in einer Pfanne bei ganz leichter Hitze braten.

6 Den Spinat putzen und waschen. In der Vinaigrette marinieren.

7 Die Form aus dem Ofen nehmen und abkühlen lassen. Anschließend die Terrine in 2 cm dicke Scheiben schneiden. 2 EL Öl erhitzen und die Scheiben von beiden Seiten hellbraun anbraten.

8 Die Eier zu Spiegeleiern braten und auf der Terrine anrichten. Jeweils eine Pancetta-Scheibe darauflegen und das Gericht außen herum mit dem Spinatsalat garnieren.

Suppen

Bouillabaisse mit Kartoffeln

Für 4 Personen

Für die Bouillabaisse

3 EL Olivenöl
1 Schalotte, fein gehackt
2 Knoblauchzehen, fein gehackt
2 rote Paprikaschoten
4 Tomaten
800 ml Hühnerbrühe (siehe Anhang)
Salz
2 g Safran
500 g festkochende Kartoffeln, geschält und in Würfel geschnitten
300 g gemischtes Fischfilet (z. B. Seeteufel, Steinbutt, Dorade), in grobe Würfel geschnitten

Für die Crostini

4 EL Olivenöl
4 Baguettescheiben
1 Ei
1 TL Senf
1 Knoblauchzehe, geschält
2 Spritzer Limettensaft
1 g Safran
Salz
200 ml Olivenöl
frisch gemahlener schwarzer Pfeffer

Zubereitung

1 Das Olivenöl in einem breiten Topf erhitzen und die Schalotten sowie den Knoblauch glasig anschwitzen.

2 Die Paprikaschoten waschen, in Viertel schneiden und entkernen. Anschließend in grobe Würfel schneiden und hinzufügen. Die Tomaten waschen, in grobe Würfel schneiden und hinzufügen. Die Brühe angießen, mit Salz und dem Safran würzen und 250 g Kartoffeln hinzufügen. 20 Minuten köcheln lassen, mit dem Stabmixer pürieren und durch ein Sieb passieren. Die restlichen Kartoffeln in kleinere, gleichmäßig große Würfel schneiden und in dem Sud 12 Minuten köcheln lassen. Den Fisch 3 Minuten in der Suppe ziehen lassen.

3 Den Backofen auf 230 °C vorheizen.

4 Für die Crostini das Olivenöl in einer Pfanne erhitzen und die Baguettescheiben auf beiden Seiten anbraten.

5 Ei, Senf, Knoblauchzehe, Limettensaft, Safran und Salz mit dem Pürierstab mixen. Nach und nach das Olivenöl einfließen lassen. Mit Salz und Pfeffer würzen.

6 Die Brotscheiben damit üppig bestreichen und im heißen Ofen überbacken, bis sie leicht braun sind. Mit der Suppe servieren.

Kartoffel-Tandoori-Suppe

Für 4 Personen

300 g festkochende Kartoffeln
1 Karotte
1 Schalotte
1 Knoblauchzehe
2 Thymianzweige
2 EL Olivenöl
1 TL Tomatenmark
2 TL Tandoorigewürz oder -paste
700 ml kräftige Hühnerbrühe (siehe Anhang)
100 g Sahne
2 EL Crème fraîche
Salz
frisch gemahlener schwarzer Pfeffer
1 EL Korianderblätter, fein gehackt

Zubereitung

1 Die Kartoffeln und die Karotte schälen und in Würfel schneiden. Die Schalotte und die Knoblauchzehe schälen und fein hacken. Die Thymianzweige waschen und trocken schütteln. Die Blättchen von den Zweigen zupfen.

2 Das Olivenöl in einem Topf erhitzen und die Schalotten und den Knoblauch glasig anschwitzen. Die Kartoffeln und die Karotten hinzufügen und andünsten. Das Tomatenmark und das Tandoorigewürz kurz mitrösten. Die Brühe angießen und 20 Minuten bei leichter Hitze köcheln lassen. Den Thymian hinzufügen.

3 Nun die Suppe mit dem Stabmixer fein pürieren und die Sahne sowie die Crème fraîche hinzufügen. Aufkochen lassen, mit Salz und Pfeffer würzen, mit dem Koriander bestreuen und servieren.

Kartoffeleintopf mit Flusskrebsen und Bärlauch

Für 4 Personen

400 g festkochende Kartoffeln
2 Schalotten
2 EL Pflanzenöl
800 ml kräftige Hühnerbrühe (siehe Anhang)
1 Karotte
½ Stange Lauch
8 Stangen grüner Spargel
60 g Bärlauch
40 g Butter
12 Flusskrebse à 100–120 g
Salz
frisch gemahlener schwarzer Pfeffer

Zubereitung

1 Die Kartoffeln schälen und in 1 cm große Würfel schneiden. Die Schalotten schälen und fein hacken.

2 Das Öl in einem breiten Topf erhitzen und die Schalotten glasig anschwitzen. Die Brühe angießen und die Kartoffeln hinzufügen. 8 Minuten kochen lassen.

3 Den Lauch sorgfältig waschen. Das untere Drittel des Spargels schälen, den Spargel waschen. Das Weiße vom Lauch und den Spargel in einen ½ cm große Stücke schneiden. Nach 8 Minuten Kochzeit der Kartoffeln die Gemüse hinzufügen und weitere 4 Minuten kochen lassen. Durch ein Sieb abgießen. Den Fond beiseitestellen.

4 Den Bärlauch waschen und trocken schleudern. Mit der Butter in den Fond mixen.

5 Einen großen Topf Salzwasser aufkochen lassen, die Flusskrebse hineingeben und 1 Minute garen. Herausnehmen, kurz unter fließendem kaltem Wasser abschrecken und aus den Karkassen lösen.

6 Das Gemüse und die Krebse in den Bärlauchfond geben, erhitzen, mit Salz und Pfeffer würzen und servieren.

Kartoffelknoblauchsuppe mit Gorgonzola

Für 4 Personen

300 g festkochende Kartoffeln
1 Karotte
3 Knoblauchzehen
1 Schalotte
2 EL Olivenöl
700 ml kräftige Hühnerbrühe (siehe Anhang)
½ Bund Schnittlauch
2 Thymianzweige
100 g Sahne
2 EL Crème fraîche
50 g Frischkäse
100 g Gorgonzola
Salz
frisch gemahlener schwarzer Pfeffer

Zubereitung

1 Die Kartoffeln und die Karotte schälen und in Würfel schneiden. Die Knoblauchzehen und die Schalotte schälen und fein hacken.

2 Das Olivenöl in einem breiten Topf erhitzen und den Knoblauch und die Zwiebeln glasig anschwitzen. Die Kartoffeln und Karotten hinzufügen und kurz andünsten. Die Brühe angießen und 20 Minuten bei leichter Hitze köcheln lassen.

3 Den Schnittlauch waschen, trocken schütteln und in feine Röllchen schneiden. Die Thymianzweige waschen und trocken schütteln. Die Blättchen von den Zweigen zupfen.

4 Die Suppe mit dem Stabmixer fein pürieren und die Sahne, die Crème fraîche und den Frischkäse zugeben. Aufkochen lassen, mit Salz und Pfeffer würzen und die Kräuter einstreuen. Den Gorgonzola auf die Suppe bröseln und servieren.

Serbische Kartoffelsuppe

Für 4 Personen

600 g festkochende Kartoffeln
2 rote Paprikaschoten
3 Schalotten
1 Knoblauchzehe
2 Thymianzweige
4 Tomaten
5 EL Olivenöl
1 TL Tomatenmark
1 l kräftige Hühnerbrühe (siehe Anhang)
300 g Hackfleisch halb und halb
Salz
frisch gemahlener schwarzer Pfeffer
Paprika edelsüß
1 EL Petersilie, fein gehackt

Zubereitung

1 Die Kartoffeln schälen und in kleine Würfel schneiden.

2 Die Paprika waschen, entkernen und in Würfel schneiden. Die Schalotten und die Knoblauchzehe schälen und fein hacken. Die Thymianzweige waschen und trocken schütteln. Die Blättchen von den Zweigen zupfen. Die Tomaten waschen und in Viertel schneiden.

3 2 EL Olivenöl in einem Topf erhitzen und die Schalotten und den Knoblauch glasig anschwitzen. Das Tomatenmark und den Thymian zugeben und kurz rösten. Nun die Tomaten hinzufügen, die Brühe angießen und aufkochen lassen. Mit dem Stabmixer pürieren und durch ein Sieb passieren.

4 Die Kartoffel- und die Paprikawürfel zugeben. Die Suppe 10 Minuten köcheln lassen.

5 In der Zwischenzeit das restliche Olivenöl in einer Pfanne erhitzen und das Hackfleisch anbraten. Kräftig mit Salz, Pfeffer und Paprika würzen und zur Suppe geben. Alles zusammen weitere 5 Minuten köcheln lassen. Mit der Petersilie bestreuen und servieren.

Kalte Kartoffel-Buttermilch-Suppe

Für 4 Personen

300 g festkochende Kartoffeln
1 Schalotte
2 EL Olivenöl
350 ml kräftige Hühnerbrühe (siehe Anhang)
1 TL Kurkuma
½ Bund Schnittlauch
2 Thymianzweige
400 ml Buttermilch
50 g Frischkäse
2 EL Crème fraîche
1 EL weißer Balsamicoessig
Salz
Cumin, gemahlen

Zubereitung

1 Die Kartoffeln schälen und in Würfel schneiden. Die Schalotte schälen und fein hacken.

2 Das Olivenöl in einem Topf erhitzen und die Schalotten sowie die Kartoffeln anschwitzen. Die Brühe angießen und mit der Kurkuma würzen. 20 Minuten bei leichter Hitze köcheln lassen.

3 Den Schnittlauch waschen, trocken schütteln und in feine Röllchen schneiden. Die Thymianzweige waschen und trocken schütteln. Die Blättchen von den Zweigen zupfen.

4 Die Suppe mit dem Stabmixer fein pürieren und 350 ml Buttermilch, Frischkäse und Crème fraîche zugeben. Mit dem Essig und Salz abschmecken und die Kräuter hinzufügen. Die restlichen 50 ml Buttermilch in Streifen in die Suppe ziehen und mit einer Prise Cumin bestreuen. Kalt servieren.

Kartoffelsuppe mit Parmesan und Salsiccia

Für 4 Personen

2 Schalotten
2 Knoblauchzehen
400 g mehligkochende Kartoffeln
2 EL Olivenöl
600 ml Hühnerbrühe (siehe Anhang)
2 Thymianzweige
Salz
frisch gemahlener schwarzer Pfeffer
200 g Sahne
100 g frisch geriebener Parmesan
2 Salsiccie
1 EL in Öl eingelegte getrocknete Tomaten
2 Blattpetersilienstängel, die Blätter abgezupft

Zubereitung

1 Die Schalotten und die Knoblauchzehen schälen und fein hacken. Die Kartoffeln schälen und grob schneiden.

2 Das Olivenöl in einem Topf erhitzen und die Schalotten sowie den Knoblauch glasig anschwitzen. Die Kartoffeln zugeben und mit der Brühe auffüllen. Die Thymianzweige zugeben. Alles zum Kochen bringen und 20 Minuten köcheln lassen.

3 Die Suppe mit Salz und Pfeffer würzen. Nacheinander die Sahne und den Parmesan zugeben. Die Thymianzweige herausnehmen. Alles mit dem Stabmixer fein pürieren.

4 Die Würste rundum braten und in Scheiben schneiden. Die Tomaten grob hacken und in die Mitte des Tellers geben. Die Suppe angießen und die Wurstscheiben auf die Tomaten legen. Mit der Petersilie garnieren.

Vichyssoise
Geeiste Kartoffel-Lauch-Suppe

Für 4 Personen

300 g mehligkochende Kartoffeln
1 Stange Lauch
1 Knoblauchzehe
1 Schalotte
2 EL Butter
800 ml Hühnerbrühe (siehe Anhang)
200 g Crème fraîche
Salz
frisch gemahlener schwarzer Pfeffer
120 g Saiblingsfilet
1 EL Olivenöl
1 Spritzer Limettensaft
1 TL Schnittlauch, in feine Röllchen geschnitten
Milch nach Belieben

Zubereitung

1 Die Kartoffeln waschen, schälen und in grobe Würfel schneiden.

2 Den Lauch putzen, längs halbieren, sorgfältig waschen und in grobe Stücke schneiden. Das Weiße vom grünen Teil des Lauchs trennen. Die Knoblauchzehe und die Schalotte schälen und fein hacken.

3 Die Butter in einem Topf zerlassen und das Weiße vom Lauch, Knoblauch und Schalotten dünsten. Die Kartoffeln zugeben und die Brühe angießen. Zum Kochen bringen und 20 Minuten simmern lassen.

4 Leicht gesalzenes Wasser zum Kochen bringen. Das Grüne vom Lauch 8 Minuten darin weich garen und unter fließendem kaltem Wasser abschrecken.

5 Die Suppe mit dem grünem Lauch mit dem Pürierstab fein mixen und durch ein Sieb passieren. Auf Eis oder kaltem Wasser schnell runterkühlen, damit die Suppe grün bleibt. 150 g Crème fraîche unter die Suppe rühren und die Suppe mit Salz und Pfeffer würzen.

6 Das Saiblingsfilet zu Tatar schneiden und mit Salz, Pfeffer und Olivenöl würzen. Dann erst vorsichtig den Limettensaft und den Schnittlauch zugeben.

7 In der Mitte eines tiefen Tellers das Tatar in einem Metallring anrichten. Den Ring entfernen und die Suppe außen herum angießen. Die restliche Crème fraîche glatt rühren (evtl. etwas Milch zugeben), einige Streifen davon in die Suppe ziehen und servieren.

Kartoffel-Bohnen-Eintopf mit Hackbällchen

Für 4 Personen

600 g festkochende Kartoffeln (vorzugsweise Bamberger Hörnchen)
200 g breite Bohnen
1 Schalotte
1 Knoblauchzehe
2 EL Olivenöl
2 EL Speckwürfel
1 l kräftige Hühnerbrühe (siehe Anhang)
Salz
frisch gemahlener schwarzer Pfeffer

Für die Hackbällchen

½ altbackenes Brötchen
50 ml Milch
300 g Hackfleisch halb und halb
1 Ei
Salz
frisch gemahlener schwarzer Pfeffer

Außerdem

1 EL Petersilie, fein gehackt

Zubereitung

1 Für die Hackbällchen das Brötchen in der Milch einweichen. Sorgfältig ausdrücken, mit dem Hackfleisch, dem Ei, Salz und Pfeffer vermengen und zu kleinen Bällchen (sie sollten auf einen Löffel passen) formen.

2 Für den Eintopf die Kartoffeln schälen und in kleine Würfel schneiden.

3 Die Bohnen waschen, putzen und ebenfalls in kleine Würfel schneiden. Die Schalotte und die Knoblauchzehe schälen und fein hacken.

4 Das Olivenöl erhitzen. Den Speck zugeben und anschwitzen. Die Brühe und die Kartoffeln hinzufügen und aufkochen lassen. Die Hackfleischbällchen einlegen und 5 Minuten köcheln lassen. Die Bohnen hinzufügen und weitere 10 Minuten köcheln lassen. Mit Salz und Pfeffer abschmecken. Mit der Petersilie bestreuen und servieren.

Fisch und Meeresfrüchte

Kartoffel-Rauchaalkroketten mit Meerrettichcreme

Für 4 Personen
Für die Kroketten

400 g mehligkochende Kartoffeln
1 Eigelb
20 g Butter
Salz
frisch gemahlener schwarzer Pfeffer
300 g Rauchaalfilet
1 Ei
1 Bund Blattpetersilie

Für die Meerrettichcreme

1 Ei
Salz
1 EL Rotweinessig
3 EL Meerrettich
150 ml Pflanzenöl
100 g Crème fraîche

Außerdem

Mehl
8 EL Paniermehl
1 l Frittieröl

Zubereitung

1 Die Kartoffeln schälen, weich kochen und durch die Kartoffelpresse drücken. Das Eigelb und die Butter zugeben und mit Salz und Pfeffer würzen.

2 Das Rauchaalfilet in kleine Würfel schneiden und dazugeben. Mit einem Spritzbeutel 1½ cm dicke Schlangen auf eine mehlierte Unterlage spritzen und dann in 4 cm lange Walzen schneiden. Anschließend durch das verquirlte Ei ziehen.

3 Die Petersilie waschen und trocken schütteln. Die Blätter von den Stängeln zupfen und grob hacken.

4 Das Paniermehl mit der Petersilie mit dem Pürierstab fein mixen. Anschließend die Kroketten mit dem Paniermehl panieren. In 170 °C heißem Frittieröl 1–2 Minuten backen.

5 Für die Creme das Ei mit etwas Salz, dem Essig und Meerrettich mit dem Pürierstab mixen. Langsam das Öl einlaufen lassen. Anschließend die Crème fraîche unterrühren und zu den Kroketten servieren.

Kartoffel-Schnittlauchstampf mit gebackenem Kabeljau

Für 4 Personen

Für den Stampf

600 g mehligkochende Kartoffeln
100 g Sahne
80 g Butter
1 Bund Schnittlauch
150 g saure Sahne
1 EL weißer Balsamicoessig
Salz
frisch gemahlener schwarzer Pfeffer

Für die Wasabisauce

20 g Maisstärke
10 g Sahne
Salz
frisch gemahlener schwarzer Pfeffer
300 ml Fischfond (siehe Anhang)
1 TL Wasabipaste
1 EL Crème fraîche

Für den Kabeljau

600 g Kabeljaufilet ohne Haut
Salz
frisch gemahlener schwarzer Pfeffer
Mehl
1 Ei
Paniermehl
1 l Frittieröl

Zubereitung

1 Die Kartoffeln schälen und weich kochen. Mit einer Gabel oder einem Kartoffelstampfer die Kartoffeln nicht zu fein zerdrücken.

2 Die Sahne mit der Butter aufkochen lassen und mit dem Kartoffelstampf langsam vermengen.

3 Den Schnittlauch waschen und trocken schütteln. Anschließend in feine Röllchen schneiden

4 Die saure Sahne, die Schnittlauchröllchen und den Essig an den Kartoffelstampf geben, mit Salz und Pfeffer würzen und warm stellen.

5 Für die Sauce die Maisstärke mit ein klein wenig von der kalten Sahne anrühren. Die restliche Sahne aufkochen lassen und mit der Stärke binden. Mit Salz und Pfeffer würzen und mit dem Fischfond verrühren.

6 Vom Kabeljau die Gräten entfernen, portionieren, mit Salz und Pfeffer würzen, mit Mehl bestäuben und durch das verquirlte Ei ziehen. Dann in Paniermehl wälzen.

7 Das Frittieröl in einer tiefen Pfanne erhitzen und die Kabeljaustücke bei mittlerer Temperatur 6–7 Minuten backen.

8 Den Kartoffelstampf in der Mitte des Tellers anrichten. Den Fisch darauflegen, die Sauce außen herum nappieren und servieren.

Kartoffel-Stockfisch-Püree mit Chorizosud und Schellfisch

Für 4 Personen

Für das Püree

200 g Stockfisch
300 g mehligkochende Kartoffeln
120 ml Milch
120 ml Olivenöl
2 Knoblauchzehen, fein gehackt
1 TL Zitronensaft
1 EL Petersilie, fein gehackt

Für den Chorizosud

2 rote Paprikaschoten
1 Schalotte
1 Knoblauchzehe
1 EL Olivenöl
80 g Chorizo, in Scheiben geschnitten
1 EL Tomatenmark
100 ml Hühnerbrühe (siehe Anhang)
6 Tomaten
Salz
frisch gemahlener schwarzer Pfeffer

Für den Fisch

600 g Schellfisch

Außerdem

2 hauchdünne Scheiben Ciabatta
Olivenöl
2 EL Aioli (siehe Anhang)
½ Zucchini nach Belieben

Zubereitung

1 Für das Püree den Stockfisch 24 Stunden in kaltem Wasser einlegen. Das Wasser während dieser Zeit 3-mal wechseln. Anschließend in kaltem Wasser aufkochen lassen und 10 Minuten ziehen lassen. Das Fleisch von den Gräten zupfen.

2 Die Kartoffeln schälen und weich kochen. Durch die Kartoffelpresse drücken. Die Milch mit dem Olivenöl und dem Knoblauch aufkochen lassen. Mit den Kartoffeln vermengen und ein Kartoffelpüree herstellen. Mit dem Zitronensaft leicht sauer abschmecken. Die Petersilie zugeben.

3 Für den Sud die Paprika waschen, entkernen und in grobe Stücke schneiden. Die Schalotte und die Knoblauchzehe schälen und ebenfalls in grobe Stücke schneiden. Das Olivenöl erhitzen und die Schalotten sowie den Knoblauch glasig anschwitzen. Die Chorizo und das Tomatenmark zugeben und die Brühe angießen. Die Tomaten waschen, in grobe Stücke schneiden und hinzufügen. Aufkochen lassen und zugedeckt 15 Minuten ohne weitere Hitzezufuhr ziehen lassen. Mit dem Pürierstab mixen, mit Salz und Pfeffer würzen und durch ein Sieb passieren.

4 Den Backofen auf 200 °C erhitzen.

5 Den Schellfisch auslösen und die Gräten entfernen. Portionieren und mit der Haut 6 Minuten dämpfen. Die Haut abziehen.

6 Das Stockfischpüree rund in einem tiefen Teller anrichten. Den Schellfisch darauflegen. Außen mit dem Sud angießen. In den Sud kleine, in Olivenöl angeschwitzte Zucchiniperlen oder -rauten legen. Die Ciabattascheiben der Länge nach halbieren, mit Olivenöl beträufeln und leicht im heißen Ofen backen, bis sie goldgelb sind. Auf den Fisch legen und darauf etwas Aioli geben.

Kartoffelgnocchi mit Lachs, Brokkoli und Gorgonzola

Für 4 Personen

Für die Kartoffelgnocchi

350 g mehligkochende Kartoffeln
1 Ei
1 Eigelb
1 Knoblauchzehe, fein zerrieben
80 g Hartweizengrieß, doppelt gemahlen (Nudelgrieß)
Salz
frisch gemahlener schwarzer Pfeffer

Für die Velouté

1 Schalotte
2 EL Olivenöl
300 ml Hühnerbrühe (siehe Anhang)
100 g Sahne
10 g Maisstärke
50 g Gorgonzola
1 Eigelb

Außerdem

Mehl
500 g Brokkoli
240 g Lachsfilet
100 g Gorgonzola

Zubereitung

1 Für die Gnocchi die Kartoffeln am besten am Vortag schälen, weich kochen und auskühlen lassen. Anschließend durch die Kartoffelpresse drücken und mit dem Ei, dem Eigelb, Knoblauch und Grieß zu einem festen Teig verarbeiten. Mit Salz und Pfeffer würzen.

2 Mit einem Spritzbeutel lange Schlangen auf einen zuvor mehlierten Tisch spritzen. Mit einer Teigkarte kleine Stücke von den Schlangen abtrennen und zu Kugeln formen. Nun über eine Gabel drehen bzw. leicht eindrücken.

3 Reichlich Salzwasser zum Kochen bringen und die Gnocchi hinzufügen. Sobald sie an die Oberfläche steigen, mit einem Schaumlöffel herausnehmen und unter fließendem kaltem Wasser abschrecken. Beiseitestellen.

4 Für die Velouté die Schalotte schälen und fein hacken. Das Olivenöl in einem Topf erhitzen und die Schalotten glasig anschwitzen. 4 EL Brühe abnehmen, den Rest mit der Sahne angießen und aufkochen lassen.

5 Die Maisstärke mit den 4 EL Brühe glatt rühren und in den heißen Fond rühren. Vom Herd nehmen. Den Gorgonzola darin auflösen und das Eigelb rasch hineinrühren.

6 Den Backofen auf 210 °C vorheizen.

7 Den Brokkoli waschen und in Röschen zerteilen. 2 Minuten in gut gesalzenem Wasser garen. Nun zusammen mit den Gnocchi in eine Auflaufform geben. Den Lachs in 3 x 3 cm große Stücke schneiden, würzen und auch mit in die Form legen. Den Gorgonzola darüberbröseln und mit der Sauce bedecken. 15 Minuten im heißen Ofen backen. In der Form servieren.

Matjes Hausfrauenart mit Bohnen und Pellkartoffeln

Für 4 Personen

600 g Kartoffeln (Bamberger Hörnchen)
2 Äpfel
1 Zwiebel
4 Gewürzgurken
300 g saure Sahne
1 EL Petersilie, fein gehackt
Salz
frisch gemahlener schwarzer Pfeffer
400 g Matjesfilet
300 g breite Bohnen
2 EL Butter

Zubereitung

1 Die Kartoffeln sorgfältig waschen und 20–25 Minuten in leicht gesalzenem Wasser weich kochen.

2 Die Äpfel schälen, entkernen und in kleine Würfel schneiden. Die Zwiebel schälen und fein hacken. Die Gewürzgurken in kleine Würfel schneiden. Mit der sauren Sahne, der Petersilie, Salz und Pfeffer würzen und über die Matjesfilets geben.

3 Die Bohnen putzen, waschen und in gesalzenem Wasser 10 Minuten kochen. Die Butter in einer Pfanne zerlassen und die Bohnen darin schwenken. Mit Pfeffer würzen. Alles zusammen anrichten und servieren.

Moules frites
Pommes frites mit Miesmuscheln

Für 4 Personen

800 g mehligkochende Kartoffeln
1 l Frittieröl
2 kg Miesmuscheln
4 Schalotten
1 Knoblauchzehe
1 Karotte
½ Stange Lauch
4 EL Olivenöl
3 Thymianzweige
100 ml Weißwein

Zubereitung

1 Die Kartoffeln schälen und kurz wässern, damit etwas Stärke austritt. In 1½ cm dicke und 6 cm lange Stäbchen schneiden. Bei 120 °C 2–3 Minuten in dem Frittieröl backen. Herausnehmen und auf Küchenpapier abtropfen lassen.

2 Die Muscheln waschen und die Bärte entfernen. Die Muscheln mit einer Bürste sorgfältig säubern. Offene und beschädigte Muscheln aussortieren.

3 Die Schalotten und die Knoblauchzehe schälen und fein hacken. Die Karotte schälen, waschen und in kleine Würfel schneiden. Den Lauch putzen, waschen und ebenfalls in kleine Würfel schneiden.

4 Das Olivenöl in einem Topf erhitzen und die Schalotten, den Knoblauch und das Gemüse anschwitzen. Die Muscheln und die Thymianzweige zugeben und mit dem Weißwein ablöschen. Zudecken und die Muscheln 4–5 Minuten dünsten. Vom Herd nehmen und weitere 2–3 Minuten ziehen lassen.

5 Die Pommes frites nun bei 175 °C im Frittieröl nachbacken, bis sie goldgelb sind. (Am besten in Portionen arbeiten, damit das Öl nicht auskühlt.) Sofort servieren.

Kartoffelpaella mit Safran, Erbsen und Meeresfrüchten

Für 4 Personen

Für die Meeresfrüchte

4 EL Olivenöl
4 Riesengarnelen
8 Kaisergranaten (Scampi)
100 g Tintenfisch, geputzt
8 Miesmuscheln

Für die Paella

2 Schalotten
2 Knoblauchzehen
3 EL Olivenöl
1 TL Rosenpaprika
500 g festkochende Kartoffeln
2 rote Paprikaschoten
800 ml Hühnerbrühe (siehe Anhang)
2 g Safran
150 g Erbsen, gekrölt bzw. gepult

Zubereitung

1 Das Olivenöl in einer Pfanne erhitzen und die Riesengarnelen, Scampi sowie den Tintenfisch kurz scharf anbraten, anschließend beiseitestellen.

2 Die Schalotten und die Knoblauchzehen schälen und fein hacken. Das Olivenöl in einer Paellapfanne erhitzen und die Schalotten und den Knoblauch glasig anschwitzen. Mit dem Paprikapulver abstäuben.

3 Die Kartoffeln schälen und in 1 cm große Würfel schneiden. Die Paprika waschen, in Viertel schneiden und entkernen. Ebenfalls in kleine Würfel schneiden. Die Kartoffeln und die Paprika hinzufügen und mit der Brühe auffüllen. Den Safran hinzufügen und aufkochen lassen.

4 Nun die Muscheln zugeben und 5 Minuten zugedeckt köcheln lassen. Die Erbsen hinzufügen und weitere 8 Minuten köcheln lassen. Die Meeresfrüchte zugeben. Nochmals erhitzen und servieren.

Lachs im Kartoffelmantel mit Rotweinspinat

Für 4 Personen

8 mittelgroße festkochende Kartoffeln
Salz
frisch gemahlener schwarzer Pfeffer
480 g Lachsfilet ohne Haut und Gräten
3 EL Pflanzenöl
750 ml Rotwein (Beaujolais)
375 ml roter Portwein
1 Thymianzweig
½ Karotte, geschält
3 Schalotten, davon 1 Schalotte geschält, 2 Schalotten fein gehackt
125 g Butter (+ 1 EL für den Spinat)
2 Schalotten, fein gehackt
500 g Mini-Spinat, geputzt und gewaschen

Zubereitung

1 Die Kartoffeln schälen, grob reiben, mit Salz und Pfeffer würzen und gut abtrocknen. Vier kleine Kissen davon auslegen. Den Lachs portionieren und je ein Stück darauflegen. Mit den restlichen Kartoffeln abdecken.

2 Das Öl in einer Pfanne erhitzen und die Kartoffelpäckchen bei leichter Hitze von beiden Seiten goldbraun braten. Während des Bratens eventuell abfallende Kartoffelstreifen mit einer Palette wieder andrücken. Dadurch erhält das Päckchen eine quadratische Form.

3 Den Rotwein mit dem Portwein, dem Thymianzweig, der Karotte und der geschälten Schalotte reduzieren, bis die Flüssigkeit auf ca. 100 ml sämig eingedickt ist. Karotte, Schalotte und den Thymianzweig entfernen. Die Butter in kleine Würfel schneiden. Ohne weitere Hitzezufuhr die Butter in die heiße Reduktion rühren.

4 1 EL Butter in einer Pfanne zerlassen und die fein gehackten Schalotten glasig anschwitzen. Den Spinat hinzufügen und 3–4 Minuten dünsten. Vom Herd nehmen und sorgfältig ausdrücken.

5 Den Spinat auf einen Teller geben und darüber die rote Butter. Das Kartoffelpäckchen halbieren, den Lachs auf den Spinat setzen und servieren.

Fleisch

Bauernomelett

Für 4 Personen

400 g festkochende Kartoffeln
50 g gekochter Schinken
50 g Blutwurst
1 Zwiebel
6 EL Pflanzenöl
2 EL Speckwürfel
Salz
frisch gemahlener schwarzer Pfeffer
1 EL Petersilie, fein gehackt
8 Eier
8 Scheiben Serranoschinken
4 Gewürzgurken
4 Kirschtomaten
4 Blattpetersilienstängel

Zubereitung

1 Die Kartoffeln schälen und in einen ½ cm dicke Scheiben schneiden. In kaltem, leicht gesalzenem Wasser aufsetzen und einmal aufkochen lassen. Abgießen, auskühlen lassen und sorgfältig trocken tupfen.

2 Den Schinken und die Blutwurst in kleine Würfel schneiden. Die Zwiebel schälen und fein hacken.

3 2 EL Öl in einer Pfanne erhitzen und die Kartoffeln mit dem Speck anbraten. Sobald sie beginnen, braun zu werden, die Zwiebeln und den Schinken zugeben. Weiterbraten und anschließend die Blutwurst hinzufügen. Mit Salz und Pfeffer würzen und die Petersilie unterrühren.

4 Die Eier verquirlen und leicht pfeffern. In einer kleinen Pfanne jeweils 1 EL Öl erhitzen und aus je 2 Eiern ein Omelett zubereiten. Jeweils 3 EL der Bratkartoffeln daraufgeben, einrollen und auf einen Teller geben. Jeweils 2 Schinkenscheiben sowie je 1 Gewürzgurke, 1 Kirschtomate und 1 Stängel Petersilie darauflegen und servieren.

Tipp Wem die Herstellung von vier Omeletts zu umständlich sind, der gibt die Eier direkt über die Bratkartoffeln und gart alles zusammen.

Bouillonkartoffeln mit Tafelspitz

Für 4 Personen

1,2 kg Rindertafelspitz
1 kleine Zwiebel
2 Lorbeerblätter
2 Nelken
1 EL weiße Pfefferkörner
2 l Wasser
1 Bund Suppengrün
8 mittelgroße festkochende Kartoffeln
½ Kohlrabi
2 Karotten
1 Pastinake
½ Stange Lauch, geputzt und gewaschen
Salz
frisch gemahlener schwarzer Pfeffer
50 g frischer Meerrettich, geraspelt
1 EL Petersilie, fein gehackt

Zubereitung

1 Das Fleisch in das kalte Wasser legen.

2 Die ungeschälte Zwiebel halbieren und mit den Schnittflächen nach unten in einer Pfanne ohne Fett dunkelbraun rösten. Sobald das Wasser anfängt zu kochen, mit einem Schaumlöffel abschäumen und die Gewürze sowie das Suppengrün zugeben. Etwa 2 Stunden köcheln lassen.

3 Das Fleisch herausnehmen und die Brühe durch ein Sieb gießen. Die Kartoffeln und das Gemüse (bis auf den Lauch) schälen und in 1 cm große Würfel schneiden.

4 Die Kartoffeln in die Brühe geben, aufkochen lassen und 8 Minuten garen. Das Gemüse zugeben und nochmals 8 Minuten garen. Mit Salz und Pfeffer würzen.

5 Das Fleisch in Scheiben schneiden und auf den Bouillonkartoffeln anrichten. Den Meerrettich und die Petersilie auf das Fleisch streuen. In tiefen Tellern anrichten.

Kartoffel-Kräuter-Galettes mit Hühnerherzenragout und Romanesco

Für 4 Personen

Für die Galettes

400 g mehligkochende Kartoffeln
3 EL Pflanzenöl
50 g Zwiebeln, fein gehackt
80 g Butter
1 EL Petersilie, fein gehackt
1 EL Schnittlauch, in feine Röllchen geschnitten
1 EL Brunnenkresse, fein gehackt
1 Eigelb
Salz
frisch gemahlener schwarzer Pfeffer

Für das Ragout

400 g Hühnerherzen
2 EL Pflanzenöl
1 EL Speck, in kleine Würfel geschnitten
1 Zwiebel, fein gehackt
1 Knoblauchzehe, fein gehackt
10 cl Madeira
200 ml dunkler Geflügelfond (siehe Anhang)
5 g Maisstärke

Außerdem

1 Kopf Romanesco
Mehl für das Blech

Zubereitung

1 Die Kartoffeln schälen, in Salzwasser weich kochen, ausdämpfen lassen und durch die Kartoffelpresse drücken.

2 2 EL Öl in einer Pfanne erhitzen und die Zwiebeln glasig anschwitzen. Zusammen mit der Butter, den Kräutern und dem Eigelb unter die Kartoffelmasse arbeiten. Mit Salz und Pfeffer würzen. Nun zu einer 4–5 cm dicken Rolle formen und auf einem mehlierten Blech abkühlen lassen. Die Rolle in 1½ cm dicke Scheiben schneiden. 1 EL Öl in einer Pfanne erhitzen und die Scheiben von beiden Seiten goldgelb braten.

3 Für das Ragout die Hühnerherzen waschen und putzen. Das Öl in einer Pfanne erhitzen und die Herzen scharf anbraten. Den Speck zugeben und mitbraten, ebenso die Zwiebeln und den Knoblauch. Mit dem Madeira ablöschen und etwas einkochen lassen. Den Geflügelfond angießen und 5 Minuten köcheln lassen. Die Stärke mit etwas kaltem Wasser anrühren und in die köchelnde Sauce rühren.

4 Den Romanesco waschen und in Röschen zerteilen. 8 Minuten in gesalzenem Wasser kochen. Zum Ragout geben und mit den Galettes servieren.

Kartoffelkrapfen mit gefülltem Schweinefilet, Gambas, Oliven und Ingwerkohl

Für 4 Personen

Für die Krapfen

100 ml Wasser
15 g Butter
50 g Mehl
1 Ei
400 g mehligkochende Kartoffeln, geschält, gekocht und durch die Kartoffelpresse gedrückt
1 l Frittieröl

Für das gefüllte Fleisch

600 g Schweinefilet (Mittelstücke ohne Spitzen und Kopf)
6 Riesengarnelen
8 schwarze Oliven ohne Stein
2 EL Pflanzenöl
Salz
frisch gemahlener schwarzer Pfeffer
1 EL Petersilie, fein gehackt

Für den Kohl

½ Spitzkohl
1 EL Pflanzenöl
½ TL Curry
Salz
2 cm Ingwer, geschält und fein gehackt

Außerdem

Butter zum Bestreichen

Zubereitung

1 Das Wasser mit der Butter aufkochen lassen. Das Mehl sieben und unter ständigem Rühren ins kochende Wasser geben. Die Masse »abbrennen«, bis sich ein weißer Belag am Topfboden bildet und die Masse sich vom Boden löst. Abkühlen lassen und das Ei unterrühren. Mit den Kartoffeln vermengen und mit zwei Löffeln Nocken davon abdrehen. Auf gebuttertes Backpapier geben. Das Backpapier in die Fritteuse geben, bis die Nocken sich lösen, und dann langsam wieder herausziehen. Die Nocken goldgelb ausbacken.

2 4 Stücke Schweinefilet à 150 g in der Mitte längs mit einem schmalen Messer durchbohren. Die Riesengarnelen von Kopf und Schale befreien und in Stücke schneiden. Die Oliven in Viertel schneiden.

3 Das Öl in einer Pfanne erhitzen und die Garnelen anbraten. Mit Salz und Pfeffer würzen. Die Oliven und die Petersilie zugeben.

4 Die Schweinefilets mit dieser Masse füllen. Mit Salz und Pfeffer würzen.

5 Den Backofen auf 160 °C vorheizen.

6 Das Öl in einer Pfanne erhitzen und das Fleisch rundum anbraten. Im heißen Ofen 6 Minuten weitergaren. Anschließend herausnehmen und abgedeckt 5 Minuten ruhen lassen.

7 Die äußeren Blätter vom Spitzkohl entfernen und den Strunk herausschneiden. Quer in feine Streifen schneiden.

8 Das Öl in einer Pfanne erhitzen und den Curry leicht rösten. Den Kohl zugeben, salzen und den Ingwer hinzufügen. 5 Minuten zugedeckt bei leichter Hitze dünsten.

9 Das Schweinefilet in Scheiben schneiden, alles zusammen anrichten und servieren.

Himmel und Erde
Kartoffelpüree mit glacierten Äpfeln und sautierter Blutwurst

Für 4 Personen

Für das Kartoffelpüree

600 g mehligkochende Kartoffeln
100 ml Milch
150 g Sahne
80 g Butter
Salz
frisch gemahlener schwarzer Pfeffer

Für Äpfel und Blutwurst

2 Äpfel
2 EL Maiskeimöl
1 EL Puderzucker
4 cl Calvados
1 Zwiebel
Mehl
500 ml Frittieröl
200 g Blutwurst

Zubereitung

1 Die Kartoffeln schälen, weich kochen und durch die Kartoffelpresse drücken oder stampfen. Milch, Sahne und Butter aufkochen lassen und nach und nach zu den Kartoffeln geben. Mit Salz und Pfeffer würzen.

2 Die Äpfel schälen und das Kerngehäuse entfernen. Das Fruchtfleisch in Spalten schneiden.

3 Das Öl in einer Pfanne zerlassen und die Äpfel anbraten. Mit dem Puderzucker bestreuen, mit dem Calvados ablöschen und glacieren.

4 Die Zwiebel schälen und in feine Ringe schneiden. Mit Mehl bestäuben. Das Frittieröl erhitzen und die Zwiebelringe frittieren.

5 Die Blutwurst in Scheiben schneiden. Das Öl in einer Pfanne erhitzen und die Blutwurst auf beiden Seiten braten. Auf dem Kartoffelpüree anrichten. Mit den Äpfeln und Zwiebelringen umlegen und servieren.

Kartoffel-Speckstrudel mit Sauerkraut und Steinpilzbulette

Für 4 Personen

Für die Füllung

600 g festkochende Kartoffeln, geschält
3 Eigelb
1 EL Pflanzenöl
50 g Schalotten
100 g Speckwürfel

Für das Sauerkraut

2 EL Pflanzenöl
50 g Schalotten
200 g Sauerkraut
60 ml Weißwein
100 g Sahne
Zucker
Salz

Für den Strudelteig

175 g Mehl
90 ml Wasser
1 Eigelb
1 Prise Salz
½ TL Olivenöl
(alternativ fertiger Strudelteig)

Für die Steinpilzbulette

1 Bund Frühlingszwiebeln
200 g Steinpilze
3 EL Pflanzenöl
1 EL Butter
80 g Weißbrotcroûtons
2 EL Crème fraîche
4 Eigelb
2 EL Paniermehl
Salz
frisch gemahlener schwarzer Pfeffer

Außerdem

zerlassene Butter für den Strudelteig
Mehl

Zubereitung

1 Die Kartoffeln in 1 cm große Würfel schneiden und weich kochen. 150 g Kartoffeln durch die Kartoffelpresse drücken und mit den Eigelben vermengen. Das Öl erhitzen und die Schalotten sowie den Speck anbraten. Unter die Kartoffelmasse geben. Die restlichen Kartoffelwürfel hinzufügen.

2 Für das Sauerkraut das Öl in einer Pfanne erhitzen. Die Schalotten glasig anschwitzen. Das Kraut waschen, hacken und zu den Schalotten geben. Den Weißwein und die Sahne angießen und 20 Minuten köcheln lassen. Mit Zucker und etwas Salz würzen.

3 Den Backofen auf 210 °C vorheizen.

4 Die Zutaten für den Strudel in einer Maschine 4 Minuten kneten. Mit Öl benetzen und in Klarsichtfolie verpacken. Bei Zimmertemperatur 30 Minuten ruhen lassen. Auf einem mit Mehl bestäubten Tuch dünn ausrollen. Den Rest mit den Händen ausziehen, bis er hauchdünn ist. Mit zerlassener Butter beträufeln und die Kartoffelmasse darin einschlagen, einrollen und mit Butter bepinseln. 18–20 Minuten im heißen Ofen backen. Anschließend in Scheiben schneiden.

5 Die Frühlingszwiebeln putzen und waschen. In Würfel schneiden. Die Steinpilze säubern und in feine Scheiben schneiden.

6 Das Öl in einer Pfanne erhitzen und die Frühlingszwiebeln sowie die Steinpilze anbraten. Die Butter in einer zweiten Pfanne zerlassen und die Weißbrotcroûtons rösten. Alles zusammen in eine Schüssel geben und mit der Crème fraîche, den Eigelben und dem Paniermehl zu einer Bulettenmasse verrühren. Mit Salz und Pfeffer würzen.

7 Das Öl erhitzen und die Bulette auf beiden Seiten braten. In Scheiben schneiden. Den Strudel und die Bulette auf dem Kraut anrichten und servieren.

Mediterranes Kartoffelgratin mit Lammkeule

Für 4 Personen

Für das Gratin

700 g mehligkochende Kartoffeln, geschält
2 Tomaten
1 Zucchini
2 rote Zwiebeln, geschält
2 EL Olivenöl (+ Olivenöl für die Form)
100 g frisch geriebener Parmesan
400 g Sahne
4 Thymianzweige
2 Rosmarinzweige
2 Knoblauchzehen, geschält und angedrückt
Salz
frisch gemahlener schwarzer Pfeffer
3 EL Crème fraîche
2 Eier

Für die Lammkeule

1 Lammkeule (ca. 1½ kg)
Salz
2 EL Olivenöl
1 Thymianzweig
1 Rosmarinzweig
2 Knoblauchzehen, geschält
frisch gemahlener schwarzer Pfeffer
2 EL grober Senf

Zubereitung

1 Die Kartoffeln mit einem Hobel in 3 mm dicke Scheiben schneiden. Die Tomaten und die Zucchini waschen und ebenfalls in 3 mm dicke Scheiben schneiden, auch die Zwiebeln.

2 Das Olivenöl erhitzen und die Zwiebelscheiben glasig anschwitzen.

3 Eine Auflaufform mit Olivenöl auspinseln. Die Kartoffeln abwechselnd mit dem Gemüse aufrecht in die Form schichten. Die Reihen immer wieder mit der Hälfte des Parmesans bestreuen.

4 Den Backofen auf 185 °C vorheizen.

5 Die Sahne mit den Kräutern und dem Knoblauch aufkochen lassen und kräftig mit Salz und Pfeffer würzen. 10 Minuten ziehen lassen. Anschließend die Kräuter sowie den Knoblauch herausnehmen. Die Crème fraîche und die Eier über die Kartoffeln gießen. Abschließend mit dem restlichen Parmesan bestreuen und 1 Stunde im heißen Ofen backen.

6 Die Lammkeule salzen. Das Olivenöl in einem Bräter erhitzen und die Keule von allen Seiten kräftig anbraten. Thymian, Rosmarin und Knoblauch während der letzten Minute mit in den Bräter geben.

7 Erst jetzt die Keule pfeffern und mit dem Senf bestreichen. Die Kräuter auf die Keule legen und 25 Minuten im heißen Ofen garen. Anschließend die Temperatur auf 85 °C reduzieren (die Keule so lange aus dem Ofen nehmen!). Danach weitere 2 Stunden im Ofen garen.

8 Kurz vor dem Servieren die Ofentemperatur nochmals für 10 Minuten auf 160 °C erhöhen.

9 Zum Servieren die Lammkeule in Scheiben schneiden und das Gratin dazu reichen.

Kartoffelrösti mit Sherry-Geschnetzeltem à la King

Für 4 Personen

Für die Rösti

500 g festkochende Kartoffeln, gekocht und geschält
Salz
frisch gemahlener schwarzer Pfeffer
9 EL Pflanzenöl
1 EL Zwiebeln, fein gehackt
1 EL kleine Speckwürfel

Für das Geschnetzelte

480 g Hähnchenbrust
Salz
frisch gemahlener schwarzer Pfeffer
3 EL Pflanzenöl
1 Schalotte
4 Champignons
1 grüne Paprikaschote
50 ml Sherry
200 ml brauner Kalbsfond (siehe Anhang)
100 g Sahne
1 EL Crème fraîche

Zubereitung

1 Die Kartoffeln auf einer Reibe grob raspeln und mit Salz und Pfeffer würzen. 1 EL Öl in einer Pfanne erhitzen und die Zwiebeln sowie die Speckwürfel braten.

2 2 EL Öl in eine heiße Pfanne geben. Ein Viertel der geraspelten Kartoffeln hineingeben und mit einer Palette einen runden 1½ cm hohen Fladen formen. 1 TL Speck-Zwiebel-Masse in die Mitte des Fladens geben. Von unten goldbraun rösten und dann wenden. Nun von der zweiten Seite braten. Mit der Speck-Zwiebel-Seite nach oben anrichten. Das Ganze für vier Rösti dreimal wiederholen.

3 Die Hähnchenbrust von Haut und Sehnen befreien und in schmale Streifen schneiden. Mit Salz und Pfeffer würzen.

4 Das Öl in einer Pfanne erhitzen und die Fleischstreifen scharf anbraten. Herausnehmen.

5 Die Schalotte schälen und fein hacken. Die Champignons waschen, putzen und in Sechstel schneiden. Die Paprika waschen, in Viertel schneiden und entkernen. In schmale Streifen schneiden.

6 Zwiebeln, Paprika und Champignons in derselben Pfanne anbraten und mit dem Sherry ablöschen. Kalbsfond, Sahne und Crème fraîche zugeben. Etwas einkochen lassen und mit Salz und Pfeffer würzen. Das Fleisch dazugeben, aber nicht mehr kochen. Zusammen mit dem Rösti anrichten und servieren.

Scharfes marokkanisches Kartoffelragout mit Perlzwiebeln, Datteln und sautiertem Entrecôte

Für 4 Personen

600 g festkochende Kartoffeln, geschält
5 EL Olivenöl
20 Perlzwiebeln, geschält
2 EL Speckwürfel
½ rote Paprikaschote
1 rote Chilischote
1 TL Couscousgewürz
8 Datteln
8 Minzeblätter
Salz
frisch gemahlener schwarzer Pfeffer
600 g US-Entrecôte, pariert

Zubereitung

1 Den Backofen auf 160 °C vorheizen.

2 Die Kartoffeln in 1½ cm große Würfel schneiden. 3 EL Olivenöl in einem Topf erhitzen und die Kartoffeln anbraten. Nach zwei Minuten die Perlzwiebeln zugeben. Weitere 2 Minuten braten und nun den Speck zufügen.

3 Die Paprika waschen, entkernen, in Würfel schneiden und ebenfalls hinzufügen. Die Chilischote waschen, entkernen und ganz fein schneiden. Zusammen mit dem Couscousgewürz zum Ragout geben und 10 Minuten im heißen Ofen garen. Die Datteln in Würfel schneiden und hinzufügen.

4 Die Minzeblätter grob hacken und unterrühren. Mit Salz und Pfeffer würzen und auf einem Teller anrichten.

5 Die Backofentemperatur nun auf 170 °C erhöhen.

6 Das restliche Olivenöl in einer Pfanne erhitzen und das Fleisch am Stück von allen Seiten anbraten. Für 10 Minuten in den heißen Ofen geben. Den Ofen auf 70 °C abkühlen lassen und das Steak weitere 20 Minuten darin ruhen lassen. Nun mit einem Messer dünn aufschneiden und die Scheiben wellenförmig auf dem Ragout anrichten. Mit Couscousgewürz und etwas Salz bestreuen und servieren.

Kartoffel-spezialitäten und Beilagen

Annakartoffeln

Für 4 Personen

400 g festkochende Kartoffeln
Salz
frisch gemahlener schwarzer Pfeffer
50 g Butter

Außerdem

Öl für die Form

Zubereitung

1 Den Backofen auf 160 °C vorheizen.
2 Die Kartoffeln schälen und in ½ cm dicke Scheiben schneiden. Hochkant in eine Auflaufform schichten. Mit Salz und Pfeffer würzen. Die Butter in Flocken darauflegen. Im heißen Ofen 45 Minuten knusprig braun backen.

Bäckerinkartoffeln

Für 4 Personen

400 g festkochende Kartoffeln
Salz
frisch gemahlener schwarzer Pfeffer
250 ml Fleischbrühe (siehe Anhang)
200 g Zwiebeln, geschält und in Scheiben geschnitten

Außerdem

20 g Butter für die Form

Zubereitung

1 Den Backofen auf 170 °C vorheizen.
2 Die Kartoffeln schälen und in ½ cm dicke Scheiben schneiden. Eine Auflaufform mit der Butter ausstreichen.
3 Die Kartoffel- und Zwiebelscheiben abwechselnd hochkant in die Auflaufform schichten. Mit Salz und Pfeffer würzen. Die Fleischbrühe aufkochen lassen und angießen. Im heißen Ofen 45 Minuten backen.

Annakartoffeln

Bernykartoffeln

Für 4 Personen

400 g festkochende Kartoffeln
1 Eigelb
40 g schwarze Trüffel, fein gehackt
1 Ei nach Belieben
200 g Mandeln, gehackt oder in Plättchen
1 l Frittieröl

Außerdem

Mehl

Zubereitung

1 Die Kartoffeln schälen, weich kochen und gut ausdämpfen lassen. (Bleibt zu viel Wasser in der Masse, platzen sie beim Frittieren.)
2 Das Eigelb und die Trüffeln unter die Masse geben und auf eine mehlierte Unterlage mit einem Beutel zu dicken Schlangen spritzen. Mit einer Teigkarte schneiden und zu kleinen Kugeln formen. Durch das verquirlte Ei oder das übrig gebliebene Eiweiß ziehen und in den Mandeln wälzen.
3 Bei 170 °C in der Fritteuse ausbacken.

Bratkartoffeln

Für 4 Personen

400 g festkochende Kartoffeln
4 EL Butterschmalz
Salz
frisch gemahlener schwarzer Pfeffer

Zubereitung

1 Die Kartoffeln am besten am Vortag kochen, schälen und über Nacht auskühlen lassen. In 3 mm dicke Scheiben schneiden.
2 Das Öl in einer Pfanne erhitzen und die Kartoffeln knusprig braten. Mit Salz und Pfeffer würzen.

Hinweis Es gibt viele ganz unterschiedliche Bratkartoffelvarianten. Die Lyoner Kartoffeln z. B. enthalten zusätzlich Zwiebeln, andere Speck und Petersilie. Spanische Bratkartoffeln werden mit geschmortem Tomatengemüse und Parmesan gereicht. Die Griechen vermengen die Bratkartoffeln mit in Würfel geschnittenem Feta und Tomaten. Gut schmecken auch Bratkartoffeln mit Schinken, Erbsen und Champignons.

Bernykartoffeln

Dauphine-Kartoffeln

Für 4 Personen

100 ml Wasser
15 g Butter (+ Butter für das Backpapier)
50 g Mehl
1 Ei
400 g mehligkochende Kartoffeln, geschält, gekocht und durch die Kartoffelpresse gedrückt
Salz
frisch gemahlener schwarzer Pfeffer

Zubereitung

1 Das Wasser mit der Butter aufkochen lassen.
2 Das Mehl sieben und unter ständigem Rühren ins kochende Wasser geben. Die Masse »abbrennen«, bis sich ein weißer Belag am Topfboden bildet und sich die Masse vom Boden löst. Abkühlen lassen und das verquirlte Ei unterrühren. Mit den Kartoffeln vermengen, mit Salz und Pfeffer würzen und mit zwei Löffeln Nocken abdrehen. Auf ein gebuttertes Backpapier geben.
3 Das Backpapier in die Fritteuse geben, bis die Nocken sich lösen, und dann langsam wieder herausziehen. Die Nocken goldgelb ausbacken.

Kartoffelchips

Für 4 Personen
400 g festkochende Kartoffeln
1 l Frittieröl
Salz

Zubereitung
1 Die Kartoffeln schälen und in 1 mm dicke Scheiben schneiden. In kaltes Wasser legen, damit die Stärke austreten kann. Die Chips werden auf diese Weise krosser.
2 Die Kartoffelscheiben herausnehmen, trocken tupfen und frittieren. Salzen.

Tipp Nach Belieben können die Chips auch mit Selleriesalz, Paprika, Curry o. Ä. gewürzt werden.

Kartoffelgnocchi

Für 4 Personen
350 g mehligkochende Kartoffeln
1 Ei
1 Eigelb
80 g Hartweizengrieß, doppelt gemahlen (Nudelgrieß)
Salz
frisch gemahlener schwarzer Pfeffer

Außerdem
Mehl

Zubereitung
1 Die Kartoffeln am besten am Vortag schälen, weich kochen und auskühlen lassen.
2 Die Kartoffeln durch die Kartoffelpresse drücken und mit dem Ei, dem Eigelb und dem Grieß zu einem festen Teig verarbeiten. Mit Salz und Pfeffer würzen und mit einem Spritzbeutel lange Schlangen auf einen zuvor mehlierten Tisch spritzen. Mit einer Teigkarte kleine Stücke von den Schlangen abtrennen und zu Kugeln formen. Nun die Kugeln über eine Gabel drehen bzw. mit der Gabel leicht eindrücken.
3 Reichlich Wasser zum Kochen bringen und die Gnocchi einlegen. Sobald sie an die Oberfläche steigen, mit einem Schaumlöffel herausnehmen und weiterverarbeiten oder unter fließendem kaltem Wasser abschrecken.

Tipp Die Gnocchi kann man in Butter schwenken oder in einer beliebigen Sauce erhitzen.

Kartoffelchips

Klöße aus rohen Kartoffeln

Ergibt 10 Klöße
600 g mehligkochende Kartoffeln
50 ml Milch
40 g Butter
20 g Weißbrotcroûtons, geröstet

Außerdem
Mehl

Zubereitung
1 500 g Kartoffeln schälen und fein reiben. Sorgfältig ausdrücken. (Die Kartoffeln müssen ganz trocken sein; am besten geschieht das in einer Schleuder.) Die Flüssigkeit, die dabei austritt, auffangen und kurz beiseitestellen. Dabei setzt sich am Boden die Kartoffelstärke ab, die den geriebenen Kartoffeln wieder hinzugefügt wird.
2 100 g Kartoffeln kochen und durch die Kartoffelpresse drücken. Die Milch mit der Butter erhitzen und mit den Kartoffeln zu einem heißen flüssigen Püree verarbeiten.
3 Nun beide Kartoffelmassen vermengen und schnell zu Klößen formen. In der Mitte mit Weißbrotcroûtons füllen.
4 Die Klöße von außen leicht mehlieren. Reichlich Wasser zum Kochen bringen und die Klöße 20 Minuten sieden (nicht kochen!) lassen.

Klöße aus gekochten Kartoffeln

Ergibt 10 Klöße
500 g mehligkochende Kartoffeln
80 g Hartweizengrieß
1 Ei
1 Eigelb
20 g Butter
20 g Weißbrotcroûtons, geröstet

Außerdem
Mehl

Zubereitung
1 Die Kartoffeln am besten am Vortag schälen und weich kochen. Über Nacht auskühlen lassen.
2 Die Kartoffeln mit dem Grieß vermengen. Durch die Kartoffelpresse drücken und mit dem Ei, dem Eigelb und der Butter vermengen. In der Mitte mit Weißbrotcroûtons füllen.
3 Die Klöße von außen leicht mehlieren. Reichlich Wasser zum Kochen bringen und die Klöße 12 Minuten sieden (nicht kochen!) lassen.

Klöße aus rohen Kartoffeln

Kartoffeln Adele

Für 4 Personen

400 g mehligkochende Kartoffeln
2 Eigelb
50 g Butter
Salz
frisch gemahlener schwarzer Pfeffer
10 g Sahne
200 ml Milch
15 g Maisstärke
4 EL frisch geriebener Parmesan
1 Schalotte
1 EL Butter
250 g Blattspinat, geputzt und sorgfältig gewaschen

Zubereitung

1 Die Kartoffeln schälen, weich kochen und durch die Kartoffelpresse drücken. 1 Eigelb und die Butter zugeben und mit Salz und Pfeffer würzen.

2 Die Masse mit einer Sterntülle zu kleinen Ringen auf Backpapier aufspritzen.

3 Den Backofen auf 220 °C vorheizen.

4 Die Sahne mit dem zweiten Eigelb verrühren und die Spitzen damit vorsichtig bepinseln. Im Ofen kurz überbacken, bis die Spitzen goldgelb sind.

5 Etwas Milch mit der Stärke verrühren. Die restliche Milch aufkochen lassen und mit der angerührten Stärke dick abbinden. 2 EL Parmesan zugeben und mit Salz und Pfeffer würzen.

6 Die Schalotte schälen und fein hacken. Die Butter zerlassen und den Spinat zugeben. 2–3 Minuten dünsten und ausdrücken. Mit Salz und Pfeffer würzen und die Ringe damit füllen. Die Sauce darübergeben und mit dem restlichen Parmesan bestreuen. Im heißen Ofen gratinieren.

Kartoffelnester

Für 4 Personen

400g Kartoffeln
Salz
1 l Frittieröl

Zubereitung

1 Zuerst Waffelkartoffeln herstellen: Die Kartoffeln schälen und mit einem Spezialhobel (Mandoline) in geriefte, 1 mm dicke Scheiben schneiden. Nach jedem Schnitt die Kartoffel um 90 Grad drehen. Dadurch entsteht das Waffelmuster.
2 Die Kartoffeln in kaltes Wasser legen, damit die Stärke austritt. Sie werden auf diese Weise krosser.
3 Die Kartoffeln trocken tupfen und in kleine Metallkörbchen leicht überlappend einschichten. Die Körbchen schließen und frittieren. Herausnehmen und salzen.

Kartoffelpuffer

Für 4 Personen

600 g mehligkochende Kartoffeln
1 kleine Zwiebel
1 Knoblauchzehe
2 Eier
30 g Mehl
Salz
frisch gemahlener schwarzer Pfeffer
150 ml Pflanzenöl

Zubereitung

1 Die Kartoffeln, Zwiebeln und den Knoblauch schälen. Alles fein reiben und mit den Eiern, dem Mehl, Salz und Pfeffer in einer Schüssel vermengen.
2 Das Öl in einer Pfanne erhitzen. Portionsweise kleine Häufchen in der Pfanne verteilen. Die Häufchen platt drücken und 5 Minuten von beiden Seiten goldbraun braten. Herausnehmen, auf einem Küchentuch abtropfen lassen und servieren.

Kartoffelpüree

Für 4 Personen

600 g mehligkochende Kartoffeln
100 ml Milch
150 g Sahne
80 g Butter
Salz
frisch gemahlener schwarzer Pfeffer

Zubereitung

1 Die Kartoffeln schälen, weich kochen und durch die Kartoffelpresse drücken oder stampfen.

2 Milch, Sahne und Butter aufkochen lassen und nach und nach zu den Kartoffeln geben. Mit Salz und Pfeffer würzen.

Kartoffelrösti

Für 4 Personen

500 g gekochte festkochende Kartoffeln
Salz
frisch gemahlener schwarzer Pfeffer
9 EL Pflanzenöl
1 EL Zwiebeln, fein gehackt
1 EL Speck, in kleine Würfel geschnitten

Zubereitung

1 Die Kartoffeln schälen und auf einer Reibe grob raspeln. Mit Salz und Pfeffer würzen.

2 1 EL Öl in einer Pfanne erhitzen und die Zwiebeln und den Speck braten.

3 Für die Rösti jeweils 2 EL Öl in eine heiße Pfanne geben. Ein Viertel der geraspelten Kartoffeln hineingeben und mit einer Palette einen runden 1 ½ cm hohen Fladen formen. 1 TL Speck-Zwiebel-Masse in die Mitte des Fladens geben. Von unten goldbraun rösten und anschließend wenden. Nun von der zweiten Seite braten. Mit der Speck-Zwiebel-Seite nach oben anrichten. Das Ganze für vier Rösti noch dreimal wiederholen.

Kartoffelpüree

Kartoffelbaumkuchen

Ergibt 1 Kuchen

120 g mehligkochende Kartoffeln, gekocht, geschält und durch die Kartoffelpresse gedrückt
40 g flüssige Butter
4 Eigelb
1 EL Crème fraîche
40 g Maisstärke
20 g Mehl
2 g Salz
3 Eiweiß
10 g Zucker

Zubereitung

1 Kartoffeln, Butter, Eigelbe, Crème fraîche, Maisstärke, Mehl und Salz zu einem glatten Teig verarbeiten.

2 Die Eiweiße mit dem Zucker zu steifem Schnee schlagen und vorsichtig unter die Teigmasse heben.

3 Nun die Teigmasse dünn in einer Backform aufstreichen und unter dem Salamander oder unter dem Grill im Backofen bräunen. Wieder eine dünne Schicht auftragen und bräunen. So verfahren, bis die Teigmasse aufgebraucht ist.

Kartoffelsalat

Für 6 Personen

500 g festkochende Kartoffeln
100 ml kräftige Hühnerbrühe (siehe Anhang)
1 Zwiebel, geschält, halbiert und anschließend in Streifen geschnitten
6 EL Weißweinessig
Salz
frisch gemahlener schwarzer Pfeffer
1 TL Dijon-Senf
10 ml Pflanzenöl
1 EL Petersilie, fein gehackt
1 TL Schnittlauch, in Röllchen geschnitten

Zubereitung

1 Die Kartoffeln mit Schale kochen und anschließend schälen. In Scheiben schneiden.
2 Die Brühe mit den Zwiebeln und dem Essig aufkochen lassen. Salz, Pfeffer, Senf und Öl zugeben, wenn die Kartoffeln noch heiß sind.
3 Die Kräuter hinzufügen und behutsam schwenken, bis der Salat leicht gebunden ist. Lauwarm servieren.

Tipp Kartoffelsalat kann auch mit kross gebratenen Speckwürfeln oder Gewürzgurken variiert werden.

Variante

Kartoffelsalat mit Mayonnaise

Wie oben zubereiten, jedoch nur mit der Hälfte der Brühe und des Öls. Dafür 50 g Mayonnaise zugeben. Alternativ zusätzlich mit geriebenen Äpfeln und Radieschen vermengen.

Lorette-Kartoffeln

Für 4 Personen

400 g mehligkochende Kartoffeln, geschält, weich gekocht und durch die Kartoffelpresse gedrückt
100 ml Wasser
15 g Butter
50 g Mehl
1 Ei
60 g frisch geriebener Parmesan
1 l Frittieröl

Zubereitung

Lorette-Kartoffeln, auch Kartoffelnocken genannt, werden wie Dauphine-Kartoffeln zubereitet, enthalten aber zusätzlich Käse.

1 Das Wasser mit der Butter aufkochen lassen.
2 Das Mehl sieben und unter ständigem Rühren ins kochende Wasser geben. Die Masse »abbrennen«, bis sich ein weißer Belag am Topfboden bildet und sich die Masse vom Boden löst. Abkühlen lassen und das verquirlte Ei unterrühren. Mit den Kartoffeln und dem Parmesan vermengen und davon mit zwei Löffeln Nocken abdrehen. Auf gebuttertes Backpapier geben.
3 Das Backpapier in die Fritteuse geben, bis die Nocken sich lösen, und dann langsam wieder herausziehen. Die Nocken goldgelb ausbacken.

Macaire-Kartoffeln

Für 4 Personen

400 g mehligkochende Kartoffeln
4 EL Pflanzenöl
50 g Zwiebeln, fein gehackt
50 g Speck, in kleine Würfel geschnitten
80 g Butter
1 Eigelb
Salz
frisch gemahlener schwarzer Pfeffer
1 EL Petersilie, fein gehackt

Außerdem

Mehl für das Blech

Zubereitung

1 Die Kartoffeln in Salzwasser kochen, ausdämpfen lassen, schälen und durch die Kartoffelpresse drücken.

2 1 EL Öl in einer Pfanne erhitzen und die Zwiebeln und den Speck anbraten. Zusammen mit der Butter und dem Eigelb unter die Kartoffelmasse arbeiten. Die Kartoffelmasse mit Salz und Pfeffer würzen.

3 Die Kartoffelmasse zu einer 4–5 cm dicken Rolle formen und auf einem mehlierten Blech abkühlen lassen. Die Rolle in 1½ cm dicke Scheiben schneiden.

4 Das restliche Öl in einer Pfanne erhitzen und die Kartoffelscheiben von beiden Seiten goldgelb braten.

Hinweis Es gibt eine Variante dieser Kartoffeln: Ohne Speck, Zwiebeln und Petersilie heißen sie Pommes galettes oder einfach nur Kartoffelplätzchen.

Mignonkartoffeln

Für 4 Personen

400 g mehligkochende Kartoffeln
Salz
frisch gemahlener schwarzer Pfeffer

Außerdem

Butter für die Förmchen

Zubereitung

1 Die Kartoffeln schälen und in schmale Streifen schneiden.
2 Den Backofen auf 160 °C vorheizen.
3 Becherförmchen (Timbale) sorgfältig mit Butter ausstreichen und die rohen Kartoffeln würzen. In die Becherförmchen geben. Im heißen Ofen 40 Minuten goldgelb backen.

Pariser Kartoffeln

Für 4 Personen

400 g festkochende Kartoffeln
4 EL Pflanzenöl
3 EL brauner Kalbsfond (siehe Anhang)
Salz
frisch gemahlener schwarzer Pfeffer
1 EL Petersilie, fein gehackt

Zubereitung

1 Die Kartoffeln schälen und haselnussgroß ausstechen (Parisienne-Ausstecher).
2 Das Öl in einer Pfanne erhitzen und die Kartoffeln rundum 8–10 Minuten goldbraun braten. Mit dem Kalbsfond überziehen, mit Salz und Pfeffer würzen und mit der Petersilie bestreuen.

Mignonkartoffeln

Parmentierkartoffeln

Für 4 Personen

400 g festkochende Kartoffeln
4 EL Pflanzenöl
Salz
frisch gemahlener schwarzer Pfeffer
1 EL Petersilie, fein gehackt

Zubereitung

1 Die Kartoffeln schälen und in ½ cm große Würfel schneiden.

2 In einer Pfanne in tiefem Fett 4–5 Minuten goldbraun braten.

3 Die Kartoffeln auf ein Sieb geben, mit Salz und Pfeffer würzen und mit der Petersilie bestreuen.

Pommes frites

Für 4 Personen

400 g festkochende Kartoffeln
1 l Frittieröl
Salz

Zubereitung

1 Die Kartoffeln schälen und in ½–1 cm dicke und 6 cm lange Stifte schneiden.

2 In der Fritteuse bei 120 °C 1–2 Minuten anbacken und herausnehmen. Abkühlen lassen.

3 Anschließend in 170 °C heißem Fett nachbacken. Herausnehmen und leicht salzen.

Pommes Pont neuf

Für 4 Personen

400 g festkochende Kartoffeln

1 l Frittieröl

Salz

Zubereitung

1 Die Kartoffeln schälen und in 1½ cm dicke und 6 cm lange Stifte schneiden.

2 In der Fritteuse bei 120 °C 2–3 Minuten anbacken und herausnehmen. Abkühlen lassen.

3 Anschließend in 170 °C heißem Fett nachbacken. Herausnehmen und leicht salzen.

Pommes soufflés

Für 4 Personen

400 g festkochende Kartoffeln

1 l Frittieröl

Salz

Zubereitung

1 Die Kartoffeln schälen und in 3 mm dicke Scheiben schneiden.

2 In der Fritteuse bei 140 °C 1–2 Minuten anbacken und herausnehmen. Abkühlen lassen.

3 Nun in 180 °C heißem Fett nachbacken. Dazu mit einer Schaumkelle das Fett immer wieder schnell über die Kartoffeln geben. Die Kartoffelscheiben souffl ieren dabei. Herausnehmen und leicht salzen.

Anmerkung Pommes Soufflés sind auch unter dem Namen Polsterkartoffeln bekannt.

Sable-Kartoffeln

Für 4 Personen

400 g festkochende Kartoffeln
500 ml Frittieröl
Salz
frisch gemahlener schwarzer Pfeffer
2 EL Mie de pain

Zubereitung

1 Die Kartoffeln schälen und in ½ cm große Würfel schneiden.
2 In einer Pfanne in tiefem Fett 4–5 Minuten goldbraun braten. Mit Salz und Pfeffer würzen.
3 Die Kartoffeln auf ein Sieb geben, Mie de pain zugeben und kurz weiterrösten.

Hinweis Mie de pain ist helle Weißbrotkrume ohne Rinde, demnach helles Paniermehl.

Strohkartoffeln

Für 4 Personen

400 g Kartoffeln
1 l Frittieröl
Salz

Zubereitung

1 Die Kartoffeln schälen und in 1 mm dicke und 6 cm lange Streifen schneiden.
2 In der Fritteuse bei 170 °C backen. Herausnehmen und leicht salzen.

Salzkartoffeln

Für 4 Personen

400 g festkochende Kartoffeln
Salz

Zubereitung

1 Die Kartoffeln schälen und in gleichmäßige Stücke schneiden (Drittel oder Viertel – je nach Größe).
2 In kaltem, leicht gesalzenem Wasser aufsetzen und 18–20 Minuten kochen.

Waffelkartoffeln

Für 4 Personen

400 g festkochende Kartoffeln
1 l Frittieröl
Salz

Zubereitung

1 Die Kartoffeln schälen und mit einem Spezialhobel (Mandoline) in geriefte 1 mm dicke Scheiben schneiden. Nach jedem Schnitt die Kartoffel um 90 Grad drehen. Dadurch entsteht das typische Waffelmuster.
2 Die Kartoffeln in kaltes Wasser legen, damit die Stärke austritt. Sie werden auf diese Weise krosser.
3 Die Kartoffeln trocken tupfen, frittieren und salzen.

Salzkartoffeln

Kartoffelkroketten

Für 4 Personen

400 g Kartoffeln
1 Eigelb
20 g Butter
Salz
frisch gemahlener schwarzer Pfeffer
1 Ei
6 EL Paniermehl
1 l Frittieröl

Außerdem

Mehl

Zubereitung

1 Die Kartoffeln schälen, weich kochen und durch die Kartoffelpresse drücken. Das Eigelb und die Butter zugeben und mit Salz und Pfeffer würzen.

2 Mit einem Spritzbeutel 1½ cm dicke Schlangen auf eine mehlierte Unterlage spritzen und anschließend in 4 cm lange Rollen schneiden. Durch das verquirlte Ei ziehen und in dem Paniermehl wälzen.

3 In dem 170 °C heißen Frittieröl 1–2 Minuten backen.

Kartoffelgratin

Für 6 Personen

600 g mehligkochende Kartoffeln
250 g Sahne
1 Knoblauchzehe, geschält
2 Thymianzweige
150 g Crème fraîche
40 g Butterflocken
Salz
frisch gemahlener schwarzer Pfeffer

Außerdem

Butter für die Form

Zubereitung

1 Die Kartoffeln schälen und in 3 mm dicke Scheiben hobeln oder schneiden. Eine Auflaufform mit Butter ausstreichen. Die Kartoffelscheiben aufrecht in die Form schichten.

2 Den Backofen auf 170 °C vorheizen.

3 Die Sahne mit der zerdrückten Knoblauchzehe, Thymian und der Crème fraîche aufkochen lassen und 10 Minuten ziehen lassen. Durch ein Sieb passieren, kräftig mit Salz und Pfeffer würzen und über die Kartoffelscheiben geben. Im heißen Ofen 50 Minuten backen.

Hinweis Die Variante »Gratin Dauphinoise« enthält zusätzlich frisch geriebenen Käse.

Lyoner Kartoffeln

Für 4 Personen
400 g Kartoffeln
4 EL Pflanzenöl
150 g Zwiebeln, zuerst in feine Ringe geschnitten, anschließend in Streifen
Salz
frisch gemahlener schwarzer Pfeffer
1 EL Petersilie, fein gehackt

Zubereitung
1 Die Kartoffeln am besten am Vortag kochen, schälen und auskühlen lassen.
2 In 3 mm dicke Scheiben schneiden.
3 Das Öl in einer Pfanne erhitzen und die Kartoffelscheiben von beiden Seiten knusprig braten. Nach drei Viertel der Garzeit die Zwiebeln zugeben und mitrösten. Mit Salz und Pfeffer würzen und mit der Petersilie bestreuen.

Kartoffelschnee

Für 4 Personen
500 g mehligkochende Kartoffeln
Salz
40 g Butter

Zubereitung
1 Die Kartoffeln schälen und weich kochen. Durch die Kartoffelpresse drücken und leicht salzen.
2 Mit ein paar Butterflocken belegen, jedoch nicht verrühren. Die Struktur des Durchpressens muss erhalten bleiben.

Schupfnudeln

Für 4 Personen
350 g mehligkochende Kartoffeln
1 Ei
1 Eigelb
80 g Hartweizengrieß, doppelt gemahlen (Nudelgrieß)
Salz
frisch gemahlener schwarzer Pfeffer

Außerdem
Mehl

Zubereitung
1 Die Kartoffeln am besten am Vortag schälen, weich kochen und auskühlen lassen. Durch die Kartoffelpresse drücken und mit dem Ei, dem Eigelb und dem Grieß zu einem festen Teig verarbeiten.
2 Mit Salz und Pfeffer würzen und mit einem Spritzbeutel lange Schlangen auf einen zuvor mehlierten Tisch spritzen.
Mit einer Teigkarte kleine Stücke von den Schlangen abtrennen und zu Kugeln formen. Anschließend in der Hand zu kleinen Zigarren formen.
3 Reichlich Wasser zum Kochen bringen und die Schupfnudeln einlegen. Sobald sie an die Oberfläche steigen, entweder sofort weiterverarbeiten oder unter fließendem kaltem Wasser abschrecken.

Reibekuchen

Für 4 Personen

600 g mehligkochende Kartoffeln
1 kleine Zwiebel
1 Knoblauchzehe
2 Eier
30 g Mehl
Salz
frisch gemahlener schwarzer Pfeffer
4 EL Pflanzenöl

Zubereitung

1 Die Kartoffeln, die Zwiebeln und die Knoblauchzehe schälen. Alles fein reiben und mit den Eiern und dem Mehl in einer Schüssel vermengen. Mit Salz und Pfeffer würzen.

2 Das Öl in einer Pfanne erhitzen. Portionsweise kleine Häufchen darin verteilen, platt drücken und 5 Minuten von beiden Seiten goldbraun braten.

3 Die Reibekuchen, auch Kartoffelpuffer genannt, zum Abtropfen auf ein Küchentuch geben und sofort servieren.

Vegetarische Gerichte

Aligot
Kartoffel-Käse-Püree mit Röstbrot und Feldsalat

Für 4 Personen

1 kg mehligkochende Kartoffeln
2 Knoblauchzehen, geschält
400 g frischer Tomme oder Cantal ohne Rinde
200 g Crème fraîche
50 g Butter
Salz
frisch gemahlener schwarzer Pfeffer

Außerdem

4 EL Olivenöl
4 Scheiben Bauernbrot (Roggen)
200 g Feldsalat
6 EL Vinaigrette (siehe Anhang)

Zubereitung

1 Die Kartoffeln schälen und mit den Knoblauchzehen zusammen kochen. Ausdämpfen lassen und durch die Kartoffelpresse drücken.

2 Den Käse fein reiben. Die Crème fraîche und die Butter erhitzen, aber nicht kochen. Nach und nach unter die Kartoffeln rühren. Den Käse zugeben und Luft unterschlagen, bis die Masse Fäden zieht. Mit Salz und Pfeffer würzen.

3 Das Olivenöl in einer Pfanne erhitzen und die Brotscheiben auf beiden Seiten rösten. Darauf das Käsepüree anrichten.

4 Den Feldsalat mehrmals sorgfältig waschen, trocken schleudern und mit der Vinaigrette marinieren. Den Salat neben dem Brot anrichten und servieren.

Kartoffelomelett mit Paprika und Rucolasalat

Für 4 Personen

400 g festkochende Kartoffeln
1 rote Paprikaschote
1 Zwiebel
5 EL Olivenöl
8 Eier
100 g Sahne
100 ml Milch
Salz
frisch gemahlener schwarzer Pfeffer
1 Bund Rucola
3 EL Vinaigrette (siehe Anhang)

Zubereitung

1 Die Kartoffeln schälen und in ½ cm große Würfel schneiden. Die Paprikaschote waschen, halbieren und entkernen. Ebenfalls in ½ cm große Würfel schneiden. Die Zwiebel schälen und fein hacken.

2 Das Olivenöl in einer Pfanne erhitzen und die Kartoffeln 5 Minuten braten. Die Paprikawürfel hinzufügen und weitere 5 Minuten braten. Die Zwiebeln zugeben und noch 1 Minute braten.

3 Die Eier mit der Sahne und der Milch verrühren. Mit Salz und Pfeffer würzen und über die Kartoffeln gießen. Entweder mit der Gabel schnell verrühren und dann wie ein Omelett zusammenklappen oder bei 230 °C Grillstufe ganz oben im Ofen stocken lassen und anschließend auf einen Teller stürzen.

4 Die Rucola putzen, waschen und trocken schleudern. Mit der Vinaigrette marinieren und auf dem Omelett anrichten.

Mit Kartoffelragout gefüllte Paprikaschoten

Für 4 Personen

400 g festkochende Kartoffeln
1 Zwiebel
2 Knoblauchzehen
2 EL Pflanzenöl
400 ml Gemüsebrühe (siehe Anhang)
1 rote Paprikaschote
1 Bund Frühlingszwiebeln
1 TL Thymianblättchen, fein gehackt
80 g labfreier frisch geriebener Parmesan
1 Ei, verquirlt
1 EL grober Senf
4 grüne Paprikaschoten
6 Tomaten
3 EL Olivenöl
1 EL Tomatenmark
½ TL Salz
1 TL Zucker

Zubereitung

1 Die Kartoffeln schälen und in 1 cm große Würfel schneiden. Die Zwiebel und die Knoblauchzehen schälen und fein hacken.

2 Das Pflanzenöl in einem breiten Topf erhitzen und die Zwiebeln und den Knoblauch glasig anschwitzen. Die Kartoffeln zugeben und mit der Gemüsebrühe auffüllen. 5 Minuten kochen lassen.

3 In der Zwischenzeit die rote Paprikaschote halbieren, entkernen und in Würfel schneiden. Die Frühlingszwiebeln putzen und waschen. Diagonal in 2 cm lange Stücke schneiden.

4 Die Paprikawürfel und die Frühlingszwiebeln zu den Kartoffeln geben und weitere 5 Minuten kochen lassen. Den Thymian und den Parmesan hinzufügen. Einmal aufkochen lassen und vom Herd nehmen. Auf 70 °C abkühlen lassen und das verquirlte Ei mit dem Senf unterrühren.

5 Die grünen Paprikaschoten waschen. An der Stielseite den Deckel abschneiden, die Kerne und die weißen Scheidewände entfernen. Mit dem Gemüse-Kartoffel-Ragout füllen.

6 Die Tomaten waschen, den Stielansatz herausschneiden und in grobe Würfel schneiden.

7 Das Olivenöl in einem breiten Topf erhitzen und die Tomaten anschwitzen. Das Tomatenmark, Salz und Zucker hinzufügen. Den Topf zudecken. Das Tomatenragout einmal aufkochen lassen und anschließend 20 Minuten ziehen lassen. Erst durch die Flotte Lotte und anschließend durch ein Sieb passieren. Eventuell mit etwas Gemüsebrühe verdünnen, falls das Ragout zu kompakt wird.

8 Den Backofen auf 175 °C vorheizen.

9 Die Tomatensauce in eine Auflaufform füllen und die Paprikaschoten hineinsetzen. Zugedeckt im heißen Ofen 40 Minuten backen.

10 Die gefüllten Paprikaschoten auf die Teller verteilen, mit der Tomatensauce umgießen und servieren.

Kartoffel-Polpette mit getrockneten Tomaten und Rucola

Für 4 Personen

500 g festkochende Kartoffeln, geschält
1 Bund Frühlingszwiebeln
120 g Schafskäse
1 Bund Basilikum
1 Ei
1 Eigelb
abgeriebene Schale von 1 unbehandelten Limette
2 EL Paniermehl
frisch gemahlener schwarzer Pfeffer
2 EL Rapsöl
4 EL in Öl eingelegte getrocknete Tomaten
150 g Naturjoghurt
4 Prisen Cumin, gemahlen
1 Bund Rucola
4 EL Vinaigrette (siehe Anhang)

Außerdem

Mehl

Zubereitung

1 Die Kartoffeln in Wasser weich kochen. Anschließend durch die Kartoffelpresse drücken.

2 Die Frühlingszwiebeln putzen, waschen und in kleine Würfel schneiden. Zu den Kartoffeln geben. Den Schafskäse dazubröseln. Ei, Eigelb, Limettenabrieb und Paniermehl hinzufügen. Leicht peffern und kleine Buletten von 4 cm Ø formen. Mit Mehl bestäuben.

3 Das Rapsöl in einer Pfanne erhitzen und die Buletten auf beiden Seiten goldbraun braten.

4 Die Tomaten grob hacken und auf einem Teller anrichten. Die Buletten/Polpette darauf arrangieren. Je einen Klecks Joghurt mit etwas Cumin daraufgeben.

5 Die Rucola putzen, waschen und trocken schleudern. Mit der Vinaigrette marinieren und die Polpette damit garnieren.

Kartoffelbaguette mit Currydip, Avocado und Tomaten

Für 4 Personen

Für den Teig

250 g mehligkochende Kartoffeln
½ Würfel frische Hefe
185 g Mehl Type 405
½ TL Salz
½ TL Kurkuma
1 Knoblauchzehe, fein gehackt

Für den Dip

150 g Kartoffeln, gekocht, geschält und durch die Kartoffelpresse gedrückt
150 g Frischkäse
½ TL Salz
2 Msp. Wasabipaste
1 TL Dijon-Senf
1 TL Curry
abgeriebene Schale und Saft von 1 Bio-Zitrone
Salz
frisch gemahlener schwarzer Pfeffer

Außerdem

Öl für das Blech
4 Tomaten am Zweig
2 reife Avocados
½ Romanasalat, gewaschen und klein gezupft
6 EL Vinaigrette (siehe Anhang)

Zubereitung

1 Die Kartoffeln weich kochen, schälen und durch die Kartoffelpresse drücken. Auf 30 °C abkühlen lassen.

2 Gleichzeitig 80 ml des Kochwassers auf 30 °C abkühlen lassen. Die Hefe darin auflösen und zusammen mit dem Mehl, Salz, Kurkuma und dem Knoblauch zu einem glatten Teig verarbeiten. Mindestens 5 Minuten kneten. Anschließend etwa 2 Stunden gehen lassen. Danach den Teig schlagen und nochmals 15 Minuten gehen lassen. Zu zwei Baguettestangen formen und quer 6-mal einschneiden.

3 Nun den Backofen auf 230 °C vorheizen und den Teig weitere 30 Minuten auf dem geölten Backblech gehen lassen. Danach unter Wasserdampfzugabe 20 Minuten backen. (Um Wasserdampf zu erzeugen, ein kleines Blech direkt auf den Ofenboden stellen und mit aufheizen. Das Baguetteblech möglichst weit unten im Ofen einschieben und anschließend kochend heißes Wasser auf das kleine Blech gießen; den Ofen sofort schließen.)

4 Für den Dip die Kartoffeln mit Frischkäse, Salz, Wasabipaste, Senf, Curry sowie Zitronensaft und -abrieb verrühren. Mit Salz und Pfeffer würzen.

5 Die Tomaten und Avocados von Haut, Schale und Kernen befreien und in Würfel oder Scheiben schneiden. Mit der Vinaigrette marinieren.

6 Das Baguette aufschneiden und halbieren. Mit dem Dip bestreichen und mit dem Salat sowie den Tomaten und Avocados belegen.

Kartoffelklöße mit Apfelrotkohl und Haselnussschmelze

Für 4 Personen

Für die Klöße

500 g mehligkochende Kartoffeln
80 g Hartweizengrieß
1 Ei
1 Eigelb
20 g Butter
Mehl

Für den Rotkohl

200 g Rotkohl
50 ml Rotwein (vorzugsweise Beaujolais)
40 ml roter Portwein
2 EL Rotweinessig
1 Zwiebel
2 EL Butter
2 Äpfel (Boskop)
Salz
frisch gemahlener schwarzer Pfeffer
2 EL Honig
30 ml Apfelsaft
1 Teeei mit 1 Pimentkorn, 1 Lorbeerblatt, 3 Wacholderbeeren
10 g Maisstärke

Außerdem

200 g Butter
100 g Haselnüsse, gemahlen
50 g Paniermehl

Zubereitung

1 Die Kartoffeln am besten am Vortag schälen, weich kochen und auskühlen lassen. Anschließend durch die Kartoffelpresse drücken und mit dem Grieß, dem Ei und dem Eigelb sowie der Butter vermengen. Klöße formen und in der Mitte mit dem Rotkohl füllen. Die Klöße von außen leicht mehlieren und in kochendes Wasser geben. 12 Minuten sieden, keinesfalls stark kochen lassen.

2 Vom Rotkohl die unschönen und trockenen äußeren Blätter entfernen. Den Kohl in Viertel schneiden und den Strunk keilförmig herausschneiden. Anschließend die Blätter in schmale Streifen schneiden. Nun mit dem Rotwein, Portwein und Essig durchkneten.

3 Die Zwiebel schälen und fein hacken. Die Butter zerlassen und die Zwiebeln glasig anschwitzen.

4 Die Äpfel schälen und das Kerngehäuse entfernen. Das Fruchtfleisch in kleine Stücke schneiden und zu den Zwiebeln geben. Den Kohl hinzufügen und mit Salz und Pfeffer würzen. Den Honig zugeben und den Apfelsaft angießen. Das Teeei einlegen und zugedeckt bei mittlerer Hitze 40 Minuten köcheln lassen.

5 Die Stärke mit etwas kaltem Wasser anrühren und langsam und unter ständigem Rühren zum Kohl geben. Auskühlen lassen, bevor die Klöße damit gefüllt werden.

6 Für die Haselnussschmelze die Butter aufschäumen lassen und die Nüsse mit dem Paniermehl goldbraun rösten. Über die Klöße geben und servieren.

Schupfnudelgröstel mit Spitzkohl und Steinpilzen

Für 6 Personen

700 g mehligkochende Kartoffeln
2 Eier
2 Eigelb
160 g Hartweizengrieß, doppelt gemahlen (Nudelgrieß)
Salz
frisch gemahlener schwarzer Pfeffer
4 EL Pflanzenöl
½ Spitzkohl
12 mittelgroße Steinpilze
1 Zwiebel

Außerdem

Mehl

Zubereitung

1 Die Kartoffeln am besten am Vortag schälen, weich kochen und auskühlen lassen. Anschließend durch die Kartoffelpresse drücken und mit den Eiern, den Eigelben und dem Grieß zu einem festen Teig verarbeiten. Mit Salz und Pfeffer würzen und mit einem Spritzbeutel lange Schlangen auf einen zuvor mehlierten Tisch spritzen.
Mit einer Teigkarte kleine Stücke von den Schlangen abtrennen und zu Kugeln formen. Nun mit der Hand zu kleinen Zigarren formen und in kochendes Wasser geben. Wenn sie an die Oberfläche steigen, sofort weiterverarbeiten oder unter fließendem kaltem Wasser abschrecken. Abtropfen lassen.

2 Das Öl in einer Pfanne erhitzen und die Schupfnudeln rundum leicht anbraten.

3 Vom Kohl die äußeren Blätter entfernen und den Strunk herausschneiden. Die Kohlblätter in Rauten schneiden. Die Steinpilze sorgfältig putzen und in Würfel schneiden. Die Zwiebel schälen und fein hacken.

4 Nun den Kohl, die Zwiebeln und die Pilze zu den Schupfnudeln geben, 5 Minuten weiterbraten und servieren.

Ratatouille im Kartoffelmantel mit Pesto und Kräutersalat

Für 6 Personen

1 rote Paprikaschote
1 gelbe Paprikaschote
1 Zucchini
1 Artischockenboden
2 Tomaten
2 Schalotten
1 Knoblauchzehe
5 EL Olivenöl
2 Thymianzweige
Salz
frisch gemahlener schwarzer Pfeffer
2 EL Paniermehl
2 große festkochende Kartoffeln
150 g Kräutersalat (der Saison, z. B. verschiedene Kressesorten, Rucola, Löwenzahn, Kerbel, Sauerampfer)
4 EL Vinaigrette (siehe Anhang)
4 EL Basilikumpesto (siehe Anhang)

Zubereitung

1 Die Paprika waschen, in Viertel schneiden und entkernen. Mit einem Sparschäler schälen und in ca. 3 mm große Würfel schneiden.

2 Die Zucchini waschen und die beiden Enden kappen. Ebenfalls, genauso wie den Artischockenboden, in 3 mm große Würfel schneiden.

3 Die Tomaten enthäuten, entkernen und das Fleisch in kleine Würfel schneiden.

4 Die Schalotten und die Knoblauchzehe schälen und fein hacken.

5 2 EL Olivenöl in einer großen Pfanne erhitzen, alles bis auf die Tomaten anschwitzen und mit den Thymianzweigen 2–3 Minuten dünsten. Nun die Tomaten zugeben und mit Salz und Pfeffer würzen. Mit dem Paniermehl binden (quellen).

6 Die Kartoffeln schälen und in 1 mm dicke Scheiben schneiden. Über Kreuz auf ein Tuch legen, trocken tupfen und jeweils 1 EL Ratatouille in die Mitte geben. Die Kartoffeln zu kleinen Päckchen zusammenlegen.

7 Das restliche Olivenöl in einer Pfanne erhitzen und die Kartoffelpäckchen von beiden Seiten goldbraun braten.

8 Die Kräuter waschen und klein zupfen. Mit der Vinaigrette marinieren.

9 Das Pesto mit etwas Wasser glatt rühren und dazu reichen.

Kartoffelsoufflee mit Gorgonzola und glacierten Feigen

Für 4 Personen

500 g mehligkochende Kartoffeln
Salz
4 Eier
1 Eigelb
80 g flüssige Butter
15 g Maisstärke
100 g Gorgonzola
4 Feigen
2 EL Puderzucker
100 ml Beaujolais
100 ml roter Portwein

Außerdem

Butter und Mehl für die Förmchen

Zubereitung

1 Die Kartoffeln schälen, grob zerteilen und in leicht gesalzenem Wasser weich kochen. Durch die Kartoffelpresse drücken.
2 Die Eier trennen. 5 Eigelbe, Butter und Stärke zu den Kartoffeln geben.
3 Den Gorgonzola in kleine Würfel zerteilen und vorsichtig unter die Kartoffelmasse geben.
4 Die Eiweiße mit einer Prise Salz zu steifem Schnee schlagen und unter die Kartoffelmasse heben.
5 Den Backofen auf 230 °C vorheizen.
6 Vier Soufflee-Förmchen mit Butter ausstreichen und mit Mehl bestäuben. Die Kartoffelmasse in die Förmchen einfüllen und in einem Wasserbad im heißen Ofen 15 Minuten backen.
7 In der Zwischenzeit die Feigen in Achtel schneiden.
8 Den Puderzucker in einer Pfanne karamellisieren lassen. Den Beaujolais und den Portwein angießen, die Feigen zugeben und glacieren.
9 Die Feigen in tiefen Tellern anrichten, die Soufflees daraufstürzen und servieren.

Kartoffelschmarrn mit Blattspinat und Schafskäse

Für 4 Personen

500 g mehligkochende Kartoffeln
4 Eier
Salz
80 g Crème fraîche
100 g Sahne
15 g Maisstärke
1 Schalotte
1 EL Butter
100 g Blattspinat, gewaschen, geputzt und trocken geschleudert
frisch gemahlener schwarzer Pfeffer
6 EL Pflanzenöl
80 g Schafskäse

Zubereitung

1 Die Kartoffeln waschen und mit der Schale weich kochen. Etwas abkühlen lassen. Anschließend die Kartoffeln schälen und mit einer Gabel grob zerdrücken.
2 Die Eier trennen. Die Eiweiße mit einer Prise Salz zu steifem Schnee schlagen.
3 Die Crème fraîche und die Sahne zum Kochen bringen. Zusammen mit den Eigelben und der Stärke zu den Kartoffeln geben.
4 Den Eischnee unter die Kartoffelmasse heben.
5 Die Schalotte schälen und fein hacken.
6 Den Backofen auf 210 °C vorheizen.
7 Die Butter in einer Pfanne zerlassen und die Schalotten glasig anschwitzen. Den Spinat hinzufügen und zusammenfallen lassen. Mit Salz und Pfeffer würzen und unter die Kartoffelmasse heben.
8 Das Öl in einer hitzebeständigen Pfanne erhitzen und die Kartoffelmasse zugeben. Die Pfanne in den heißen Ofen geben. Nach 5 Minuten den Käse fein zerbröseln und über den Schmarrn verteilen. Weitere 6–7 Minuten backen.
9 Aus dem Ofen nehmen, in vier Stücke teilen und servieren.

Kartoffelrösti mit Gemüse-Schafskäse-Ragout unter der Blätterteighaube

Für 4 Personen

500 g gekochte Kartoffeln, geschält
Salz
frisch gemahlener schwarzer Pfeffer
4 EL Pflanzenöl
1 rote Paprikaschote
1 Zucchini
1 Knoblauchzehe
1 EL Zwiebelwürfel
150 g Schafskäse, in Würfel geschnitten
1 EL Petersilie, fein gehackt
200 g Blätterteig
1 Eigelb
1 EL Sahne

Zubereitung

1 Die Kartoffeln auf einer Reibe grob raspeln und mit Salz und Pfeffer würzen.
2 2 EL Öl in eine heiße Pfanne geben. Ein Viertel der geraspelten Kartoffeln hineingeben und mit einer Palette einen runden 1 cm hohen Fladen formen. Von unten goldbraun rösten und anschließend wenden. Nun von der zweiten Seite braten. Das Ganze für vier Rösti dreimal wiederholen. Wenn nötig, weiteres Öl in die Pfanne geben.
3 Die Paprikaschote waschen, entkernen und in Würfel schneiden. Die Zucchini waschen und in Würfel schneiden. Die Knoblauchzehe schälen und fein hacken.
4 Das restliche Öl erhitzen und das Gemüse zusammen mit den Zwiebeln und dem Knoblauch bei leichter Hitze 4 Minuten dünsten. Den Käse zugeben und jeweils ein Viertel des Gemüses auf einen Rösti geben. Den Rand frei lassen.
5 Den Backofen auf 180 °C vorheizen.
6 Den Blätterteig auf 4 mm Stärke ausrollen und in der Größe der Rösti ausstechen. Die Rösti damit abdecken, am Rand etwas andrücken. Das Eigelb mit Sahne verrühren und den Blätterteig damit bepinseln.
Im heißen Ofen 18 Minuten backen und servieren.

Desserts

Kartoffelblinis mit glacierten Äpfeln und Calvados

Für 4 Personen

Für die Blinis

300 g mehligkochende Kartoffeln, geschält
80 ml Vollmilch
½ Würfel frische Hefe
3 Eier
100 g Mehl
30 g Zucker
½ TL Salz
2 EL Pflanzenöl

Für die Äpfel

2 Äpfel (Gravensteiner)
4 EL Zucker
200 ml Apfelsaft
30 ml Calvados
2 EL Pflanzenöl

Außerdem

Puderzucker

Zubereitung

1 Die Kartoffeln weich kochen und durch die Kartoffelpresse drücken. Es sollten dabei 250 g Kartoffeln herauskommen.

2 Die Milch mit der Hefe verrühren. Die Eier trennen und das Eigelb der Milch hinzufügen. Zusammen mit dem Mehl und den ausgekühlten Kartoffeln verrühren. 30 Minuten gehen lassen.

3 Das Eiweiß mit dem Zucker zu steifem Schnee schlagen. Unter die Kartoffelmasse geben. Das Öl in einer Blinipfanne (alternativ in einer beschichteten Pfanne) erhitzen und den Kartoffelbliniteig braten.

4 Die Äpfel schälen und das Kerngehäuse entfernen. Das Fruchtfleisch in 1½ cm dicke Spalten schneiden. Den Zucker in einem kleinen Topf karamellisieren lassen. Mit dem Apfelsaft und dem Calvados ablöschen. Den Karamell in dem Fond auflösen.

5 Das Öl in einer Pfanne erhitzen und die Äpfel kurz und scharf anbraten. Den Fond hinzufügen. Über die noch heißen Blinis geben, mit Puderzucker bestäuben und servieren.

Kartoffel-Nussbrot mit geschmolzenem Munster und La-Ratte-Kartoffeln

Für 4 Personen

250 g mehligkochende Kartoffeln, geschält
½ Würfel frische Hefe
185 g Mehl Type 405
½ TL Salz
50 g Walnüsse, gehackt und geröstet
50 g Haselnüsse, gehackt und geröstet
30 g Pinienkerne, geröstet
8 Kartoffeln (La Ratte)
400 g Munster
4 EL Feigensenf

Außerdem

Butter für die Form

Zubereitung

1 Die Kartoffeln weich kochen (das Kochwasser nicht wegschütten!), durch die Kartoffelpresse drücken und auf 30°C abkühlen lassen.

2 80 ml des Kochwassers auf 30 °C abkühlen lassen. Die Hefe darin auflösen und zusammen mit dem Mehl und dem Salz zu einem glatten Teig verarbeiten.

3 Den Backofen auf 230 °C vorheizen.

4 Die Nüsse zugeben und mindestens 5 Minuten kneten. Anschließend etwa 2 Stunden gehen lassen. Den Teig kräftig schlagen und nochmals 15 Minuten gehen lassen. In eine mit Butter ausgestrichene Kastenform geben. Weitere 30 Minuten gehen lassen.

5 Nun das Brot unter Wasserdampfzugabe 20 Minuten im heißen Ofen backen. (Für den Wasserdampf ein kleines Blech direkt auf den Ofenboden stellen und mit aufheizen. Das Brotblech möglichst weit unten mit einschieben und kochendes Wasser auf das kleine Blech gießen; den Ofen sofort schließen.)

6 Die La-Ratte-Kartoffeln sorgfältig waschen und mit Schale 18 Minuten kochen. Der Länge nach halbieren und den in Scheiben geschnittenen Munster auf den Kartoffeln schmelzen lassen.

7 Vier Scheiben Brot abschneiden, toasten und etwas von dem Feigensenf daraufgeben. Mit den heißen Kartoffeln bedecken und servieren.

Kartoffel-Heidelbeerdatschi

Für 4 Personen

500 g mehligkochende Kartoffeln
Salz
4 Eier
100 g Sauerrahm
3 EL Zucker
200 g Heidelbeeren
6 EL Pflanzenöl
2 EL Puderzucker

Zubereitung

1 Die Kartoffeln schälen und in leicht gesalzenem Wasser weich kochen. Durch die Kartoffelpresse drücken.
2 Die Eier trennen. Die Eigelbe und den Sauerrahm zu den Kartoffeln geben und glatt rühren.
3 Die Eiweiße schlagen. Den Zucker einrieseln lassen und weiterschlagen, bis steifer Schnee entstanden ist. Den Eischnee unter die Kartoffelmasse heben.
4 Die Heidelbeeren waschen.
5 Das Öl in einer größeren ofenfesten Pfanne erhitzen und den Teig portionsweise einfüllen. Die Heidelbeeren auf dem Teig verteilen und 3–4 Minuten im auf 230 °C vorgeheizten Backofen oder unter dem Grill backen. Mit dem Puderzucker bestäuben und servieren.

Kartoffel-Marzipannocken mit Zwetschgenröster

Für 4 Personen

500 g mehligkochende Kartoffeln, gekocht, geschält und durch die Kartoffelpresse gedrückt
100 g Vollkornmehl (+ 4 EL Mehl zum Bestäuben der Nocken)
130 g feiner Hartweizengrieß
40 Mandeln, gehackt und in einer Pfanne ohne Fett geröstet
60 g flüssige Butter
1 Ei
1 Eigelb
abgeriebene Schale von 1 Bio-Zitrone
100 g Marzipan, in kleine Würfel geschnitten
Salz
100 g brauner Zucker
20 ml Rum
500 g Zwetschgen, halbiert und entkernt
1 Vanilleschote
abgeriebene Schale von 1 Bio-Orange
½ TL Zimtpulver
3 EL Puderzucker

Zubereitung

1 Die noch warmen Kartoffeln mit Mehl, Grieß, Mandeln, Butter, Ei, Eigelb, Zitronenabrieb und Marzipan zu einem glatten Teig verarbeiten. Mit zwei Löffeln Nocken abstechen und diese mit dem Mehl bestäuben.

2 Wasser zum Kochen bringen, leicht salzen und die Nocken 10 Minuten bei leichter Hitze ziehen lassen.

3 In der Zwischenzeit den Zucker in einer Pfanne karamellisieren lassen. Den Rum und die Zwetschgen hinzufügen und 3–4 Minuten köcheln lassen.

4 Die Vanilleschote der Länge nach aufschlitzen und das Mark herauskratzen. Zusammen mit dem Orangenabrieb und dem Zimt zugeben.

5 Die Nocken mit einem Schaumlöffel aus dem Wasser nehmen, auf den Zwetschgen anrichten und mit dem Puderzucker bestäuben.

Powidltaschen mit Kartoffelteig und Mascarpone-Amaretto-Eis

Für 4 Personen

Für die Taschen

750 g mehligkochende Kartoffeln
200 g Hartweizengrieß, doppelt gemahlen (Nudelgrieß)
50 g weiche Butter
2 Eigelb
2 Prisen Salz

Für den Powidl

150 g Powidl (Zwetschgenmus)
2 EL Rum
15 g Zucker
2 Prisen Zimtpulver

Für die Sauce

120 g Butter
100 g Mohn, gemahlen
4 EL Puderzucker

Für das Eis

200 ml Milch
60 g Mandelstifte, geröstet
20 g Marzipan
75 g Zucker
30 ml Amaretto
1 Ei
4 Eigelb
200 g Mascarpone

Außerdem

Mehl
Eigelb

Zubereitung

1 Die Kartoffeln am Vortag schälen und weich kochen. Durch die Kartoffelpresse drücken (es sollten 500 g dabei herauskommen). Mit dem Grieß, der weichen Butter, den Eigelben und dem Salz zu einem festen Teig verarbeiten. (Achtung! Einen Kloß leicht mehlieren und zur Probe in kochendem Wasser garen. Ist er zu weich, gibt man etwas Grieß dazu, ansonsten etwas Butter.)

2 Das Zwetschgenmus mit Rum, Zucker und Zimt würzen.

3 Für die Powidl den Kartoffelteig mit etwas Mehl dünn ausrollen. Mit einem Glas oder einer kleinen Schüssel 10 cm große Kreise ausstechen. Die Ränder mit Eigelb bestreichen. 1 TL Mus auf einen Kreis geben und einen zweiten darüberlegen. Wasser zum Kochen bringen und die Powidltaschen darin 3–4 Minuten ziehen lassen.

4 Für die Sauce die Butter leicht bräunen und den Mohn zugeben. Später über die Taschen geben und mit dem Puderzucker bestäuben.

5 Für das Eis die Milch aufkochen lassen. Die Mandeln darin 20 Minuten ziehen lassen. Durch ein Sieb passieren und das Marzipan mit dem Pürierstab einmixen. Mit den restlichen Zutaten zur Rose abziehen.

6 Die Masse in der Sorbetiere gefrieren lassen. Wer mag, kann sie aber auch in flüssigem Zustand genießen.

Kartoffel-Grieß-Knödel mit Nougatfüllung und Vanillesauce

Für 4 Personen

Für die Knödel

750 g mehligkochende Kartoffel
200 g Hartweizengrieß, doppelt gemahlen (Nudelgrieß)
50 g weiche Butter
2 Eigelb
2 Prisen Salz

Für die Füllung

25 ml Milch
30 g Sahne
1 EL Rum
50 g Bitterkuvertüre
50 g Haselnussnougat

Für die Vanillesauce

250 ml Milch
250 g Sahne
1 Vanilleschote
7 Eigelb
90 g Zucker

Zubereitung

1 Die Kartoffeln am Vortag schälen und weich kochen. Durch die Kartoffelpresse drücken (es sollten 500 g dabei herauskommen). Mit dem Grieß, der Butter, den Eigelben und dem Salz zu einem festen Teig verarbeiten. (Achtung! Einen Kloß leicht mehlieren und zur Probe in kochendem Wasser garen. Ist er zu weich, gibt man etwas Grieß dazu, ansonsten etwas Butter.)
2 Die Milch und die Sahne mit dem Rum aufkochen lassen. Die Kuvertüre und den Nougat im Wasserbad schmelzen lassen. Zu der Sahnemilch geben, gut durchrühren und in den Kühlschrank stellen. Sobald die Masse fest geworden ist, die Klöße damit füllen.
3 Leicht gesalzenes Wasser zum Kochen bringen und die Klöße 12 Minuten darin ziehen lassen.
4 Für die Vanillesauce die Sahnemilch mit der aufgeschnittenen Vanilleschote aufkochen lassen. 20 Minuten ziehen lassen. Durch ein Sieb passieren.
5 Die Eigelbe mit dem Zucker schaumig schlagen und mit der Vanillemilch zur Rose abziehen. (unter ständigem Rühren auf 70 °C erhitzen, die Masse wird dann leicht sämig).
6 Die Knödel auf die Teller geben, mit der Vanillesauce überziehen und servieren.

Kartoffel-Quarknudeln mit Birnen und Holunder

Für 4 Personen

250 g mehligkochende Kartoffeln, gekocht, geschält und durch die Kartoffelpresse gedrückt
250 g Quark (20 %)
100 g feiner Hartweizengrieß
Mark von 1 Vanilleschote
abgeriebene Schale von 1 Bio-Zitrone
40 g Zucker
2 Eigelb
2 EL Mehl
Salz
4 Birnen
1 EL Butter
4 cl Birnenschnaps
40 ml Apfelsaft
2 Dolden Holunderbeeren
2 EL Puderzucker

Zubereitung

1 Die Kartoffeln mit dem Quark, Hartweizengrieß, Vanillemark, Zitronenabrieb, 20 g Zucker und den Eigelben zu einem glatten Teig verarbeiten. Wie Schupfnudeln (s. Seite 113) zu kleinen Zigarren formen und mit dem Mehl leicht bestäuben.

2 Reichlich leicht gesalzenes Wasser zum Kochen bringen. Die Schupfnudeln hinzufügen und 10 Minuten bei leichter Hitze ziehen lassen.

3 Die Birnen schälen und das Kerngehäuse entfernen. Das Fruchtfleisch in Spalten schneiden. Die Butter in einem breiten Topf zerlassen und die Birnenspalten anschwitzen. Den restlichen Zucker hinzufügen und leicht karamellisieren lassen. Mit dem Birnenschnaps und dem Apfelsaft ablöschen.

4 Den Holunder waschen und die Beeren von den Rispen ablösen. Die Beeren mit den Birnen vermengen und nochmals aufkochen lassen.

5 Die Schupfnudeln auf den Teller geben. Das Birnen-Holunder-Ragout darüber verteilen und mit dem Puderzucker bestäuben.

Kartoffelroulade mit Mohn

Für 4 Personen

Für den Teig

100 g Butter
300 g mehligkochende Kartoffeln, gekocht, geschält und durch die Kartoffelpresse gedrückt
150 g feiner Hartweizengrieß
80 g Zucker
2 Eigelb
½ Packung Backpulver
Mark von 1 Vanilleschote
abgeriebene Schale von 1 Bio-Zitrone

Für die Füllung

50 ml Vollmilch
20 g Butter
40 g Zucker
20 g Marzipanrohmasse
100 g Mohn, gemahlen
20 g Biskuitbrösel
1 Ei
20 g Honig

Außerdem

2 EL Butter für das Blech
2 Eigelb
1 TL Sahne
1 EL Puderzucker

Zubereitung

1 Für den Teig die Butter zerlassen und mit den genannten Zutaten zu einem glatten Teig verarbeiten. In Klarsichtfolie einschlagen und 30 Minuten kalt stellen.

2 Für die Füllung in der Zwischenzeit Milch, Butter und Zucker aufkochen lassen. Die Marzipanrohmasse hinzufügen (einmixen!) und die übrigen Zutaten zugeben. Auf 80 °C erhitzen.

3 Den Backofen auf 175 °C Umluft vorheizen.

4 Den Kartoffelteig rechteckig 1 cm dick ausrollen. Mit der Mohnfüllung bestreichen und einrollen. Mit der Nahtseite nach unten auf ein mit der Butter ausgestrichenes Blech (oder Backpapier) setzen.

5 Die Eigelbe mit der Sahne verrühren und die Roulade damit bestreichen. Im heißen Ofen 35 Minuten backen.

6 Mit dem Puderzucker bestäuben, in Scheiben schneiden und servieren.

Anhang

Grundrezepte

Basilikumpesto

Ergibt 600 ml

300 g Basilikumblätter, gewaschen und trocken geschleudert
1 TL Meersalz
2 Knoblauchzehen, geschält
500 ml Olivenöl
1 EL Pinienkerne, geröstet
30 g frisch geriebener Parmesan

Zubereitung

Für das Pesto die Basilikumblätter mit Meersalz, Knoblauch und Olivenöl fein pürieren. Dann erst die gerösteten Pinienkerne und den Parmesan untermixen.

Aioli

Für 4 Personen

½ TL Dijon-Senf
1 Ei
1 ½ Knoblauchzehen, geschält und durch die Knoblauchpresse gedrückt
2 TL Zitronensaft
Salz
1 Spritzer Tabasco
100 ml Pflanzenöl
60 ml Olivenöl extra vergine

Zubereitung

1 Senf, Ei, Knoblauch und Zitronensaft in ein hohes, schmales Gefäß geben. Mit dem Pürierstab mixen und dabei langsam die beiden Ölsorten zugeben.

2 Mit Salz und Tabsaco würzen und kalt stellen.

Vinaigrette

Ergibt 300 ml

10 g Salz
50 ml Himbeeressig
100 ml Rotweinessig
25 g Dijon-Senf
100 ml Maiskeimöl
125 ml Olivenöl extra vergine

Zubereitung

Das Salz mit dem Himbeeressig, Rotweinessig und dem Senf verrühren, bis sich das Salz aufgelöst hat. Anschließend das Maiskeimöl und das Olivenöl unterrühren.

Achim Schwekendiek

SCHLOSSHOTEL
Achim

Gemüsebrühe

Ergibt 1 Liter

50 g Fenchel
1 Zwiebel
100 g Knollensellerie
100 g Karotten
80 g Lauch (nur das Weiße)
5 Champignons
1 Lorbeerblatt
10 schwarze Pfefferkörner
3 Thymianzweige
2 Blattpetersilienzweige
1 Borretschzweig
150 ml Riesling, trocken
50 ml Sojasauce
1 ½ l Wasser
Salz nach Belieben

Zubereitung

1 Das Gemüse putzen und waschen. Im Ganzen oder zusammengebunden mit den anderen Zutaten 45 Minuten kochen.
2 Anschließend durch ein Tuch passieren.

Fleischbrühe

Ergibt 4 Liter

2 kg Rinderknochen
2 kg Rindersuppenfleisch
4 Pimentkörner
1 EL Wacholderbeeren
1 EL Pfefferkörner
2 Gewürznelken
2 Lorbeerblätter
¼ Bund Petersilie, gewaschen
1 Zwiebel, geschält
1 Stange Lauch, geputzt und gewaschen
100 g Sellerieknolle, geschält
100 g Karotten, geschält und gewaschen

Zubereitung

1 Die Knochen 30 Sekunden in kochendem Wasser blanchieren und danach mit 5 Liter kaltem Wasser in einem großen Topf aufsetzen. Das Fleisch zugeben und zum Kochen bringen. Den Schaum mit einem Schaumlöffel abschöpfen und die Gewürze und Kräuter zugeben. 2 Stunden köcheln lassen.
2 Die Zwiebel halbieren. Mit den Schnittflächen direkt auf die heiße Herdplatte legen und schwarz werden lassen. Lauch, Sellerie und Karotten zusammenbinden und mit den Zwiebelhälften zur Brühe geben. Nochmals 30 Minuten köcheln lassen. Anschließend durch ein Sieb passieren.

Hühnerbrühe

Ergibt 2½ Liter

1 Suppenhuhn
1 Zwiebel
100 g Staudensellerie
80 g Lauch (nur das Weiße)
5 Champignons
1 Lorbeerblatt
10 schwarze Pfefferkörner
3 Thymianzweige
2 Blattpetersilienzweige
1 Borretschzweig
Salz nach Belieben

Zubereitung

1 Das Suppenhuhn mit Wasser bedecken und zum Kochen bringen. Den Schaum mit einem Schaumlöffel abschöpfen und die Gewürze zugeben. 1½ Stunden leicht köcheln lassen.

2 Nun das Gemüse putzen und waschen. Im Ganzen oder zusammengebunden zugeben und weitere 20 Minuten köcheln lassen. Durch ein Tuch passieren.

Fischfond

Ergibt 1 Liter

1 kg Fischkarkassen, möglichst von Plattfischen wie Scholle, Steinbutt, Seezunge (vom Fischhändler), grob gehackt
2 Stangen Staudensellerie, gewaschen und in Stücke geschnitten
¼ Fenchelknolle, gewaschen und in Stücke geschnitten
4 Schalotten, geschält und grob gehackt
2 Tomaten, gewaschen und in Würfel geschnitten
6 Champignons, geputzt, gewaschen und in Würfel geschnitten
1 Thymianzweig, gewaschen
1 Lorbeerblatt
1 EL schwarze Pfefferkörner
50 ml Olivenöl
400 ml trockener Weißwein
50 ml Noilly Prat
20 ml Pernod
Salz

Zubereitung

1 Die Fischkarkassen mindestens 15 Minuten in reichlich Wasser wässern, bis sie ganz weiß sind.

2 Das Gemüse mit Thymian, Lorbeerblatt und den Pfefferkörnern im Olivenöl anschwitzen. Die Fischkarkassen zugeben und 1 Minute mitdünsten. Mit Weißwein und Noilly Prat ablöschen.

3 Den Pernod hinzufügen und mit Wasser knapp bedecken. Kurz aufkochen lassen, den Schaum mit einem Schaumlöffel abschöpfen und den Fond 30 Minuten leise köcheln lassen.

4 Durch ein grobmaschiges Tuch passieren, salzen und noch etwas reduzieren.

Dunkler Geflügelfond

Ergibt ca. 300 ml

2 kg Geflügelkarkassen
100 g Schalotten
2 Knoblauchzehen
60 g Karotten
60 g Knollensellerie
50 g Lauch
1 EL Tomatenmark
1 Lorbeerblatt
2 Thymianzweige
1 EL schwarze Pfefferkörner
2 l Wasser (alternativ Hühnerbrühe; siehe Seite 153)
100 ml Madeira
200 ml Weißwein

Zubereitung

1 Den Backofen auf 200 °C vorheizen. Die Karkassen in walnussgroße Stücke hacken und in einen großen Bräter geben. Im heißen Ofen goldbraun rösten.

2 Die Schalotten und die Knoblauchzehen schälen und in grobe Stücke schneiden. Die Karotten und den Sellerie schälen, waschen und klein schneiden. Den Lauch waschen und klein schneiden. Alles zu den Karkassen in den heißen Ofen geben und mitrösten. Mit einem Küchentuch das Fett abtupfen.

3 Tomatenmark, Lorbeerblatt, Thymianzweige und Pfefferkörner hinzufügen und mitrösten. Anschließend mit dem Madeira und dem Weißwein ablösen. Den Bratensatz loskochen. Alles in einen Topf umfüllen und mit kaltem Wasser oder Hühnerbrühe auffüllen.

4 5–6 Stunden zugedeckt köcheln lassen. Mit dem Schaumlöffel immer wieder abschäumen.

5 Durch ein Sieb passen und abkühlen lassen. Das Fett abnehmen und die Flüssigkeit auf $1/10$ reduzieren.

Brauner Kalbsfond

Ergibt ca. 500 ml

400 g Ochsenschwanz
500 g Kalbsschwanz
5 l Wasser
50 Karotten
50 g Zwiebeln
50 g Knollensellerie
50 g Lauch
2 EL Pflanzenöl
10 schwarze Pfefferkörner
1 Lorbeerblatt
5 Blattpetersilienstängel
2 Thymianzweige
50 g Tomaten
30 g Champignons
Maisstärke nach Belieben

Zubereitung

1 Den Backofen auf 200 °C vorheizen.

2 Ochsenschwanz und Kalbsschwanz zerkleinern und das Fett sowie das Mark entfernen. Im heißen Ofen in einem großen Bräter bräunen. Das Fett abgießen.

3 Die Knochen in einen großen Topf geben und mit dem Wasser übergießen. Aufkochen lassen und mit einem Schaumlöffel den Schaum abschöpfen.

4 Die Karotten, Zwiebeln und den Sellerie schälen und grob zerkleinern. Den Lauch waschen und grob zerkleinern. Das Öl in einer Pfanne erhitzen und das Gemüse anschwitzen, bis es Farbe bekommt. Das Fett abgießen.

5 Das Gemüse, Pfefferkörner, Lorbeerblatt, Petersilienstängel und Thymianzweige in die Knochenbrühe geben. Die Tomaten und die Champignons zur Brühe hinzufügen. 8 Stunden zugedeckt köcheln lassen. Den entstehenden Schaum mit einem Schaumlöffel immer wieder abschöpfen. Wenn zu viel Wasser verdampft, zwischendurch wieder Wasser auffüllen.

6 Die Brühe durch ein Tuch passieren und kalt stellen. Anschließend das Fett abnehmen und auf 1/10 einkochen lassen. Ggf. mit etwas Maisstärke binden.

Register

Vegetarische Gerichte

Desserts

Grundrezepte

Danke!

Ich danke allen, die ich an dieser Stelle nicht erwähnen kann. Viele Menschen haben mich inspiriert, die Rezepte in diesem Buch zu entwickeln, Kollegen, Freunde, Bekannte.

Besonderen Dank an die Menschen, ohne die das Buch nicht hätte entstehen können:
Marcel: Deine Ideen sind für mich Gold wert!
Mein Küchenteam: Ihr haltet mir den Rücken für derlei Eskapaden in die Bücherwelt frei.
Meiner Frau und meinen Kindern, die während der umfangreichen Arbeit an dem Buch meine schrecklichen Launen ertragen haben.
Karsten, der mich nun schon seit vielen Jahren in jeder Weise fördert – mit seiner konstruktiven Kritik, die mich immer wieder anspornt, für unsere Gäste das Beste zu geben.
Barbara und Sonja, die aus meinen Rezepten großartige Fotos haben entstehen lassen.
Und last but not least: Ria, die dem Ganzen inhaltlich und optisch eine wunderbare Form gegeben hat.

in der Verlagsgruppe Styria GmbH & Co KG
Wien · Graz · Klagenfurt
www.styriabooks.de

Visuelle Gesamtkonzeption: www.buero-jorge-schmidt.de
Satz und Layout: Elisabeth Petersen

Printed in Austria

ISBN 978-3-99011-050-8

Edle Bücher mit Charakter

Achim Schwekendiek
Barbara Lutterbeck

Linsen
Das Kochbuch

Ein Buch der Extraklasse.
Fantasievolle Gerichte mit den kleinen Nährstoffbomben.

ISBN 978-3-99011-038-6

Eva Gründel
Barbara Lutterbeck

Zitronen
Das Kochbuch

Das Kochbuch, das gute Laune macht und die Sinne anregt.
Die schönsten Rezepte mit Zitronen.

ISBN 978-3-99011-026-3

Rose Marie Donhauser
Barbara Lutterbeck

Joghurt & Frischkäse
Das Kochbuch

Kleine und große Köstlichkeiten mit Joghurt & Co.

ISBN 978-3-99011-045-4

Achim Schwekendiek
Barbara Lutterbeck

Leidenschaft für
Kraut & Rüben
Das Kochbuch

Neuer Glanz für altes Gemüse.
Ein Spitzenkoch verrät seine besten Rezepte.

ISBN 978-3-99011-049-2

Alle Bücher 160 Seiten, Format 17,5 x 27 cm, € 24,99

edition styria